천 개의 눈으로 세상을 보게 하는
사고력놀이 ❶

교과연계	
6-1 국어	1. 상상의 세계
	7. 문학의 향기
6-2 국어	2. 정보의 해석

천 개의 눈으로 세상을 보게 하는

사고력놀이 ①

주득선·차오름 글 | 신민재 그림

주니어김영사

저자의 말

빅뱅처럼 무한한 세계를 담은 사유의 점

우주가 어떻게 시작되었는지 물으면 과학자들은 지금으로부터 약 138억 년 전 '빅뱅(Big Bang)'으로부터 시작되었다고 합니다. 아주 작은 점이 갑자기 '빵' 하고 터져서, 그 점 속에 들어 있던 모든 것들이 세상 밖으로 터져 나와 온 우주로 퍼져 나갔답니다. 그 작은 점에 우주와 세상이 모두 들어 있었다는 말입니다. 참으로 놀랍고 신기한 일입니다.

어쩌면 우리들의 뇌도 '빅뱅'이 일어났던 그 작은 점과 같을 수도 있습니다. 하루에도 셀 수 없이 많은 생각들이 머릿속에 떠올랐다가 사라집니다. 1초에 대략 1100만 개 이상의 정보가 뇌로 전달된다고 합니다. 우주를 담고 있던 '빅뱅의 점'처럼 우리들의 뇌도 상상할 수 없을 만큼 많은 세계를 담고 있는 '사유의 점'일 수 있습니다.

여기, 사과가 하나 있습니다. 사과를 좋아하는 사람은 달콤하고 맛있는 사과를 생각할 것입니다. 신앙심이 깊은 사람은 에덴동산의 선악과, 곧 '아담의 사과'를 떠올릴 것입니다. 어떤 사람은 '백설공주의 사과'를, 또 다른 사람은 그리스신화에 등장하는 '파리스의 사과'를, 철학을 좋아하는 사람은 '스피노자의 사과'를 생각할 것입니다. 하나의 사과가 보는 사람마다 다른 모습으로 등장합니다. 만약 이 사과가 빅뱅이 일어났던 하나의 점이라면 이것은 수많은 것들을 압축하고 있는 비밀의 사과입니다. 그래서 보는 사람마다 다른 모습으로 등장하는 것입니다.

　세상에 있는 모든 것들은 하나의 모습으로 '보이지만' 결코 하나의 모습만 가지고 있지 않습니다. 하나의 모습에 수많은 것들이 압축되어 있습니다. 마치 대폭발을 기다리는 '탄생의 점'처럼 천 개의 모습, 천 개의 의미를 품고 있습니다. 우리들의 뇌 속에 수많은 생각들이 들어 있듯이, 마음속에 수많은 감정들이 담겨 있듯이 말입니다.

　그렇다면 누가 그것을 볼 수 있을까요? 천 개의 눈을 가진 사람만이 볼 수 있습니다. 하나의 사과에 담겨 있는 수많은 모습과 사연은 오직 천 개의 눈을 가진 사람만이 불러낼 수 있을 것입니다.

　천 개의 눈으로 이 세계와 사물의 비밀을 알 수 있을 때, 우리의 뇌에서는 새로운 생각, 신선한 생각들이 마치 '빅뱅'처럼 터져 나올 것입니다. 이 세상에 없었던 새로운 생각이 탄생하는 상상은 천 개의 눈을 통해 사물에 숨은 비밀을 불러올 때 일어나는 '생각의 폭발'일 것입니다. 현미경, 망원경 등 카메라의 눈, 수학의 눈, 과학의 눈, 문학의 눈, 역사의 눈 등 지식의 눈, 마음의 눈 등 수많은 눈으로 이 세상의 비밀을 알아내는 '사유여행'을 시작해 볼까요?

2014년 3월 주득선, 차오름

차 례

사과 이야기   8

세상에서 가장 유명한 다섯 개의 사과

모자 이야기   40

앨리스는 왜 모자 장수의 '엉망진창 티 파티'에 초대되었을까?

신발 이야기   70

'외짝 신발의 사나이'는 잃어버린 신발을 찾을 수 있을까?

거울 이야기 96

제우스의 긴급 명령: 거울족을 처단하라

옷 이야기 134

아담과 하와는 왜 옷을 입지 않았을까?

 문어 할매, 신비한 사과 다섯 개를 만들다

"비가 오려나…… 팔다리가 욱신욱신 쑤시는군."

바닷속에 비라니? 문어 할매가 오늘 정신이 오락가락하시나? 왠지 요즘 들어 일을 너무 많이 한다 싶었어. 밤낮을 가리지 않고 여덟 개의 다리를 종종거리며 문어 할매가 만든 건 대체 뭘까?

참, 문어 할매 소개를 잠깐 해 줄게. 문어 할매는 태평양 바다 깊은 곳에, 아니 은밀한 곳에 살고 있어. 밝고 환한 수면 가까이엔 잘 안 가. 달빛은커녕 태양 빛조차 스며들지 않는, 어둡고 축축한 동굴 속에 혼자 살아. 그렇게 숨어 지내듯 사는 그녀가 세상에 알려지기 시작한 건 인어 공주 때문이야. 반은 물고기인 인어 공주가 한눈에 뿅~ 반해 버

린 왕자님과의 사랑을 이루기 위해, 인간의 다리를 얻으려고 무슨 짓을 했는지는 다 알고 있지? 자기 목소리를 주고 인간의 다리를 만드는 약을 얻었지. 바로 인어 공주에게 그 약을 판 이가 문어 할매야. 그러니까 그녀의 직업은 마녀. 다른 말로 하면 각종 이상한 약 불법 제조업자인 거지.

인어 공주가 물거품이 되었다는 소식을 듣고 나서 문어 할매는 더 깊은 곳으로 꼭꼭 숨어 버렸어. 하지만 여전히 세상에 존재하지 않는 신비한 마법의 힘을 찾아서 오늘도 문어 할매 집 문을 똑, 똑, 똑, 은밀하게 두드리는 이들이 있다는군.

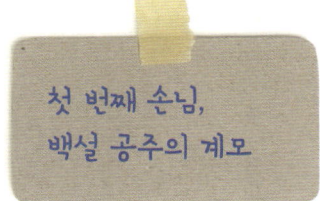

첫 번째 손님, 백설 공주의 계모

문어 할매가 밤낮없이 일을 해서 만든 건 신비한 힘을 가진 사과 다섯 알이었어. 그런데 어젯밤 12시에 남몰래 문어 할매 집을 찾아 들어간 이가 있었어. 검은 망토를 뒤집어쓰고 말이야. 그 사람이 첫 번째 사과 손님이었을까?

"아~ 자존심 상해. 백설 공주 고것이 내가 만든 머리빗도 머리끈도 이겨 냈단 말이지. 그러나 이번엔 꼼짝없이 당할 거다. 어제 내가 백설 공주 계모에게 준 특효약은 바로 '독 사과'니까. 음하하하. 누구도 '독 사과'의 유혹을 뿌리칠 수는 없어. 그걸 보면 자신도 모르게 침이 고이고, 자기 의지와는 상관없이 저절로 손이 갈 테니 두고 보라고!"

아하, 문어 할매가 만든 첫 번째 사과인 '치명적인 독 사과'가 팔렸구나. 그녀의 오랜 단골손님인 백설 공주 계모 손에 넘어갔어. 그런데 백설 공주는 정말 그 사과가 독 사과인 줄 모르고 먹었을까?

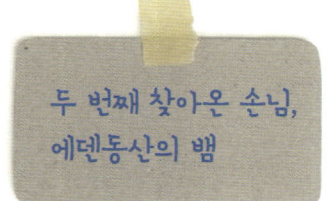
두 번째 찾아온 손님, 에덴동산의 뱀

"사과를 사러 왔소."

문어 할매의 등 뒤에서 낯선 목소리가 들렸어.

"으악, 깜짝이야!"

소리도 없이 집 안에 들어와 등 뒤에서 할매의 심장을 떨어질 뻔하게 만든 것은 한 마리 뱀이었어. 문어 할매는 번뜩이는 눈빛과 저음의 목소리. 문어 할매는 단박에 그가 보통 뱀들과는 다르다는 걸 알아봤지. 어쩌면 불법 약 제조업자를 잡으러 온 경찰인지도 모른다며 내심 경계하는 눈초리로 할매는 능청을 떨었어.

"우리 집은 과일 가게가 아닌데…… 무슨 사과를?"

"알 만한 이들은 이미 다 알고 있소. 그러니 시치미 뗄 생각은 마시오."

문어 할매가 쉽게 사과를 내놓지 않을 거라는 걸 알아차린 뱀은 단도직입적으로 말했어.

"내 다리로 값을 치르리다!"

아! 할매의 작은 눈이 번쩍 뜨였어. 여덟 개의 다리도 모자라 다리라면 사족을 못 쓰는 문어거든. 뱀은 무려 열두 개의 다리를 내놓으며 문어 할매를 유혹했어. 문어 할매에겐 '백설 공주의 독 사과만큼이나 치명적인 유혹이야. 할매는 열두 개의 다리를 가질 욕심에 정신없이 나머지 네 알의 사과를 펼쳐 보였지. 뱀은 날카로운 눈빛으로 천천히 사과를 훑어보았어.

"난 탐스러운 사과를 원하오."

"아, 글쎄 그게, 제일 탐스럽게 생긴 사과는 어젯밤에 단골손님이 가져갔어."

"음…… 그럼 이걸로!"

눈에서 레이저 빔을 쏘며 뱀이 고른 사과는 백설 공주의 계모가 집어 간 것만큼은 못하지만 누가 봐도 탐스러운 사과야. '백설 공주의 독 사과'가 대놓고 유혹하는 모양이라면 이 사과는 명화 속에나 나올 것 같은, 은근 귀티 나는 사과랄까?

"근데 이 사과를 먹으면 어떻게 되는지는 알고 고른 거야?"

문어 할매가 걱정스러운 듯이 뱀을 봤어. 뱀은 진지한 얼굴로 고개를 두어 번 끄덕일 뿐 별말이 없었어. 암만 봐도 참 진지한 뱀이야. 뭔가 깊은 비밀을 간직한 그런 스타일이라고나 할까?

"알고 있다니 다행이군. 이 '선악과 사과'를 누가 사 갈지 내심 걱정했거든. 이 사과를 만들 때 도마뱀 꼬리를 잘라 넣는다는 게 그만 실수로 부엉이 눈알이 들어갔지. 그래서 굉장히 똑똑한 사과가 돼 버렸어. 이걸 먹으면 눈이 밝아져서 세상의 선과 악을 구별할 수 있는 능력이 생겨. 근데 선과 악을 구별해 봐야 뭐하겠어? 생각이 많으면 피곤할 뿐이지. 모르는 게 약이라는 속담도 있잖아? 아, 그렇다고 지금 무르기는 없기야. 한번 고른 사과는 영원히 책임지는 거야. 알지?"

할매는 대체 이 사과를 어디에 쓸 건지 물어보고 싶은 충동이 목구멍까지 차올랐지만 꿀꺽, 참았어. 괜히 참견이라도 했다가는 도로 물러 달랄까 봐 서둘러 계산을 하고 이 알쏭달쏭한 손님을 보내 버리고 싶었거든. 뱀은 열두 개의 다리가 달린 허물을 벗어 놓고 사과를 입에 물더니 스르르륵~~~ 소리도 흔적도 없이 사라졌어. 대체 그 '선과 악을 알게 해 주는 사과'는 누가 먹을까?

세 번째 온 손님, 한 남자의 사과나무

쿵, 쿵, 쿵.

"문 좀 열어 주세요. 사과를 사러 왔어요!"

새벽부터 문어 할매 집 문짝이 부서질 것 같네. 잠이 덜 깬 눈을 비비며 문을 연 할매 앞엔 믿을 수 없는 광경이 펼쳐졌지. 왜 아니겠어? 새벽부터 사과를 사러 왔다고 동네방네 고함을 질러 대는 이가 다름 아닌 사과나무였으니까. 그것도 아주 뚱뚱한 아줌마 사과나무.

"사…… 사과나무가 사과를 사러 왔다고? 이게 지금 말이 돼?"

문어 할매 말이 맞아. 말이 안 되지. 왜냐면 사과를 사러 온 커다란 사과나무에는 이미 백설 공주 계모가 욕심을 낼 만한 탐스러운 사과가 주렁주렁 매달려 있었거든.

"아뇨. 내 말을 들어 보면 분명 말이 될 거유. 난 영국 중동부의 링컨셔라는 시골 마을에서 살고 있는 사과나무예요. 오랜 세월, 오늘이 어제 같고 또 내일 같은, 그런 평온한 날들을 보내고 있었다오. 그, 그 사람이 나타나기 전까지는 말이우.

어느 날 불쑥 나타난 그는 하루도 빠짐없이 내 몸에 등을 기대고 앉아 혼잣말을 하면서 깊은 사색에 빠져 있어요. '사과는 왜 땅으로 떨어지지? 근데 달은 왜 하늘에서 떨어지질 않지?' 하면서요."

"거참, 별 미친 사람 다 보겠네. 사과는 사과니까 땅에 떨어져야 하고 달은 달이니까 하늘에 떠 있어야지. 달이 떨어지면 큰일 나게?"

"처음엔 나도 그렇게 생각했죠. 그리고 가끔씩 간식으로 먹으라고 사과도 떨어뜨려 줬어요. 하지만 그는 사과를 먹지 않고 손에 든 채 한참을 쳐다봐요. '사과는 왜 땅으로 떨어지는가?' 하면서요.

그렇게 한 달 두 달 시간이 흐르면서 나도 모르게 그의 생각에

전염이 되어 버렸어요. 그러고 보니 사과도 떨어지고 새똥도 떨어지는데 저렇게 큰 달은 왜 안 떨어지죠? 당신은 궁금하지 않나요?"

"됐고! 난 이 바닷속 일만으로도 골치가 아파. 그러니까 그런 일에 날 끌어들일 생각일랑 말고 이곳까지 온 용건이나 말해!"

"사과를 사러 왔어요. 그 남자에게 줄 특별한 사과 말이에요."

"사과라면 당신 머리에도 수백 개나 주렁주렁 매달려 있잖아!"

"알아요. 하지만 내가 가지고 있는 사과로는 부족해요. 그에게 '결정적 힌트'를 줄 특별한 사과가 필요해요."

"결정적 힌트?"

"난 이미 그의 발 앞에 100개가 넘는 사과를 떨어뜨려 주었어요. 하지만 그는 아직까지 사과가 왜 땅으로 떨어지는지를 밝히지 못하고 있다고요. 그래서 결정적인 힌트를 줄 수 있는 사과가 필요해요. 번뜩이며 해답을 떠올릴 수 있게 만드는 그런 사과가요."

"그 남자에게 줄 사과를 주면 당신은 내게 뭘 줄 거야?"

사과나무는 문어 할매가 무얼 원하는지 아까부터 눈치챘어. 이야기를 나눌 때부터 사과나무에 달린 사과를 눈으로 세고 있는 걸 사과나무가 보았거든. 산지 직송 배달도 아닌 사과나무 직접 배달이라니. 그것도 쉽게 구할 수 없는 영국산 사과잖아.

"자, 여기 '아하! 사과'를 주지."

그 사과는 다른 사과들보다 덜 붉고 초록빛이 많이 도는 사과였어. 먹고 싶은 사과라기보다는 쳐다보고 싶은 사과라고나 할까?

"이 사과로 말할 것 같으면! 수만 권의 책이 있는 도서관 하나를 꿀꺽, 삼켜 버린 사과라는 말씀. 그래서 세상에 대해 궁금해하는 자들에게 결정적 힌트를 줄 수많은 지식을 가지고 있지. 이걸 그 남자의 머리 위에 통, 떨어뜨려 봐. 분명 '아하!' 하는 소리가 터져 나올 거야."

문어 할매의 말에 사과나무는 아주 기뻐하며 깡충깡충 뛰었지. 그러자 사과가 우르르 떨어졌어. 문어 할매는 떼구루루 굴러다니는 사과를 줍느라 여덟 개의 다리가 분주했어.

"참~ 잊지 마. '아하! 사과'를 꼭 그 남자의 머리에 통, 맞혀야 해! 그래야 저절로 '아하!' 소리가 나온다고. 절대 잊지 마~!"

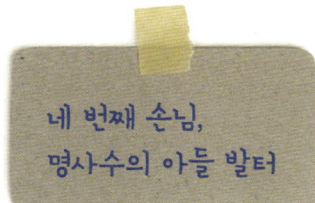
네 번째 손님, 명사수의 아들 발터

이제 남은 마법의 사과는 두 알밖에 없어. 하나는 크고 당당해 보이는 사과이고, 또 하나는 황금빛이 도는 사과야.

"문어 할머니, 문어 할머니~!"

"엥? 이 낯선 꼬맹이 목소리는 뭐지?"

대체 어디서부터 뛰어왔는지 소년 하나가 헐레벌떡 집 안으로 뛰어 들어오더니 할매가 막 마시려던 물을 홀라당 마셔 버렸어. 순간, 할매의 얼굴이 새하얗게 질렸어. 그 물은 할매가 마시려고 300년을 기다려 온 물이었거든.

300년 전에 용궁으로 배달된 토끼 간을 몰래 훔쳐다가 300년 동안 숙성시킨 귀하디귀한 토끼 간 발효수. 한 컵이면 미백과 주름을 해결해 준다는 신비의 음료수! 그걸 지금 이 꼬맹이가 홀라당 마셔 버린 거지. 할매는 넋을 놓고 할 말을 잊었어.

"할머니, 할머니. 어서 사과를 주세요! 지금 당장 이 세상에서 가장 '용감한 사과'를 가져가야 한다고요. 안 그러면 우리 아빠 목숨이 위태로워요!"

할매가 묻지도 않았는데 소년은 자기가 지금 어떤 처지에 놓여 있으며, 사과가 왜 필요한지를 거침없이 말했어.

"우리 아빤 지금 억울하게 벌을 받고 있어요. 게슬러라는 총독의 모자에 절을 하지 않았다는 이유로 감옥에 가 있단 말이에요. 게슬러 총독은 우리 아빠가 명사수인 걸 알고 '네 아들 녀석의 머리 위에 사과 한 알을 놓고 그걸 명중시키면 풀어 주겠다.'고 했어요. 정말 나쁜 사람이에요.

아빠는 절대 그럴 수 없다면서 버티고 계세요. 자칫 제 목숨을 잃을지도 모르니까 차라리 자신이 감옥에 갇히는 게 낫다고 생각해요. 그래서 특별한 사과가 필요해요. 아빠가 자신 있게 활시위를 당길 수 있도록, 쳐다만 봐도 용기를 주는 사과 말이에요!"

"내가 그런 사과를 주면 넌 내게 뭘 줄 건데?"

"넷? 전…… 가진 게 없어요."

이 거래는 이루어지기 힘들어 보이는군. 한 푼도 없는 녀석이 할매의 회춘 음료수까지 홀라당 마셔 버렸으니 동정심을 바랄 수도 없는 처지야. 하지만 그 순간, 할매의 머릿속에 반짝, 섬광 같은 생각이 스치고 지나갔어. 언젠가 200살 먹은 거북이가 그랬어. 토끼

간 발효수보다 훨씬 더 강한 회춘 약은 바로 인간의 심장 발효수라고 말이야. 만약 이 녀석의 아빠가 활쏘기에 실패한다면? 할매는 양손에 각각 남은 두 개의 사과를 소년에게 보여 주며 말했지. 당연히 번쩍이는 황금빛 사과를 가질 거라고 예상하면서.

"내가 원하는 게 하나 있긴 해……!"

"뭐예요? 얼른 말씀해 주세요. 꼭 드릴게요."

"심…… 심장, 인간의 붉은 심장이 필요해."

그런데 할매의 예상을 깨고 소년은 황금빛 사과가 아닌 '당찬 사과'를 집어 들더니 냉큼 뛰기 시작했어.

"할머니, 걱정 마세요. 우리 아빠가 못된 게슬러 총독의 심장에 활을 꽂으면 제가 그 심장을 꼭 갖다 드릴게요. 참, 제 이름은 발터예요!"

"헐~ 근데 꼬맹아, 아니 발터야! 왜 이 금빛 사과가 아닌 거지?"

"아~~ 그건 안 돼요. 사과가 햇빛에 반사되면 아빠 눈이 부실 거예요. 그리고 왠지 그 사과, 맘에 안 들어요. 이게 딱이에요! 알도 커서 과녁으로도 좋아요. 사실 조금이라도 큰 게 좋잖아요!"

쩝. 현물 거래와 신용 거래만 하는 문어 할매는 방금 공짜로 사과 하나를 털렸어. 하지만 그렇게 못된 총독의 심장이라면 불법 제조 회춘 약으로는 제격이지. 할매는 발터의 아빠가 '당찬 사과'로 마법 같은 용기를 내길 바랐어.

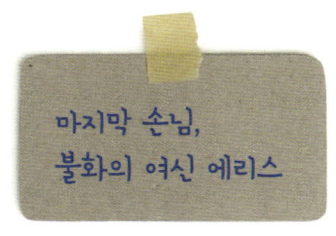

마지막 손님,
불화의 여신 에리스

"황금 사과를 내게 주시오!"

"무슨 소리야, 그건 내가 가져야 해. 황금 사과를 얻으려고 여기까지 오느라 내가 얼마나 고생한 줄 알아?"

"오~ 제발 저 황금 사과를 내게 양보하시오. 내겐 사랑하는 여인에게 청혼을 할 황금 사과가 필요하오."

시끄러운 소리에 창밖을 보던 문어 할매는 깜짝 놀랐어. 밖에서 수백 명의 사람들이 황금 사과를 자기한테 달라고 아우성을 치는 거였어. 마지막 남은 한 알의 사과가 황금 사과란 소문이 돌자 너나 할 것 없이 구름 떼처럼 몰려온 거지. 이 황금 사과가 어떤 사과인지도 모르면서 말이야.

"아…… 진짜 이 황금 사과의 효능이 제대로구나!"

문어 할매는 바깥 풍경을 보곤 감탄하듯 황금 사과를 바라보며 영문 모를 소리를 했어. 황금 사과의 효능이 제대로라니? 이게 대체 무슨 말일까?

"그 입들 다물라. 황금 사과는 내 것이다!"

뜨거운 화롯불에 찬물을 끼얹듯 순식간에 사람들의 아우성을 사라지게 만든 목소리가 짜잔, 등장했어. 문어 할매는 직감적으로 황금 사과의 주인이라는 걸 알았지. 무섭기로 유명한 불화의 여신 '에리스'! 그러니 다들 조용히 입을 다물 수밖에.

"황금 사과를 지금 당장 내게 넘겨라. 내 이 참을 수 없는 분노를 씻으려면 그 황금 사과가 필요하다."

　나름 마녀인 문어 할매라 할지라도 여신 포스 강렬한 에리스 앞에서는 그야말로 사자 앞의 생쥐였어. 생쥐가 어떻게 사자한테 흥정을 하겠어? '목숨만이라도 살려 줍쇼' 하는 심정으로 순순히 황금 사과를 내놓았지. 그나저나 에리스를 이처럼 화나게 만든 녀석들은 이제 끝났어. 에리스에게 용서란 없으니까. 뒤끝 작렬, 처절한 응징과 보복만이 그녀에게 남았지. 결국 에리스는 황금 사과를 금메달처럼 들고 바람처럼 사라졌지.

　"아…… 나의 실수야. 싸움과 분쟁을 일으키는 황금 사과 따윈 처음부터 만들지 말아야 했어. 에리스의 손에 황금 사과가 들어갔으니 이제 이 세상에 한차례 엄청난 전쟁이 일어나겠군. 큰일이야. 얼른 다른 곳으로 이사를 가야겠어. 사과값은커녕 괜한 불똥이 나한테까지 튈지도 몰라."

에리스가 가져간 황금 사과는 결혼식장에 던져졌다는군. 황금 사과에는 '세상에서 가장 아름다운 여신에게'라고 적혀 있었대. 그리고 가장 아름답다고 자부하는 세 명의 여신이 그 황금 사과를 서로 차지하려고 몸싸움을 했다네! 그들이 누구냐고? 헤라와 아테나 그리고 아프로디테. 누가 황금 사과를 차지했을까? 그나저나 우리 문어 할매는 이번엔 인도양 바닷속으로 잠수했다는군. 앞으로 100년 동안은 보기가 힘들겠는걸!

다섯 개 사과의 행방을 찾아라

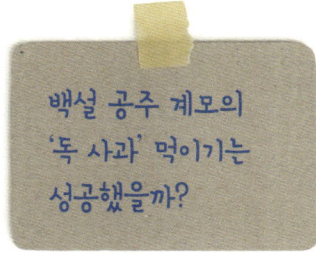

백설 공주 계모의 '독 사과' 먹이기는 성공했을까?

"으흐흐흐~"

백설 공주 계모의 입가엔 어찌나 자신감이 넘치는지 절로 웃음소리가 새어 나왔어. 독 사과를 손에 든 그녀는 이제 곧 백설 공주를 없앤 뒤 거울로부터 이 소리를 들을 생각에 입이 다물어지지 않았지. '이 세상에서 가장 아름다운 여인은 바로 여왕인 당신입니다!'

"오, 아름다운 아가씨. 사과 좀 사세요. 아주 달고 탐스러운 사과랍니다."

"할머니, 죄송해요. 저는 사과를 살 수 없답니다. 난쟁이 아저씨들이 절대 아무것도 사거나 받지도 말라고 신신당부했거든요."

이키, 이걸 어쩌나. 계모의 계획에 차질이 생겼어. 난쟁이들의 철통 방어 당부를 뚫을 묘안을 생각해야 했지. 그래서 금방이라도 쓰러질 듯 손으로 이마를 쥐며 악성 빈혈 환자 분위기를 연출했어. 그리고 계모의 순발력 있는 연기는 동정심 많은 백설 공주의 마음을 흔드는 데 성공했지. 시원한 물 한 그릇을 청한 뒤 달게 마시고 나서 그 보답으로 백설 공주에게 문제의 사과를 내민 거야.

"받아요, 마음씨 고운 아가씨의 친절에 보답할 기회를 내게도 줘요."

아, 빨갛게 잘 익은 사과를 본 백설 공주는 절로 입안에 침이 고였어. 어쩜 이리도 탐스러울까. 치명적인 유혹 그 자체였지. 마음으로는 '안 돼, 안 돼! 난쟁이 아저씨들의 당부를 기억해야 해.'라고 외쳤지만 백설 공주의 손은 어느새 사과로 향했어.

'옳지, 옳지. 한 입만 베어 물어라. 한 입만!'

아삭. 한 입 제대로 물었군. 백설 공주가 사과를 먹은 게 아니라 붉은 사과가 하얀 백설 공주를 먹었다고 할까? ==치명적인 유혹'이란 그런 거야. 통제력을 잃게 만들지.== 통제력이 사라지면 속수무책 당할 수밖에. 그리고 그 결과, 독은 천천히 몸속으로 스며들지.

치명적인 유혹, '독 사과'가 가르쳐 주는 세상의 비밀

백설 공주가 바보 같다고? 그깟 사과 한 알의 유혹이 그렇게 참기 힘들었냐고? 남의 일이라고 너무 쉽게 말하는 거 아닐까? 우린 백설 공주보다 더 치명적인 유혹에 강한 사람들일까? 어쩌면 '백설 공주의 독 사과'는 다른 모습으로 우리를 치명적인 유혹으로 빠져들게 하고 있는 건 아닐까? 독 사과인 줄 모르고 우리가 매일매일 맛있게 먹고 있다면, 우리 몸에 독이 서서히 퍼져 가고 있는 걸 전혀 모르고 있다면!

1. 다음 중 '백설 공주의 독 사과'에 해당되는 것을 찾아보세요. 만약 '독 사과'라고 생각한다면 ( ) 안에 'O' 표시를 하세요.

① 입안에서 살살 녹는 사탕과 초콜릿 ( )
② 술과 담배 ( )
③ 게임기 ( )
④ 쇼핑 ( )
⑤ 탄산음료 ( )
⑥ TV ( )
⑦ 인스턴트식품 ( )

➜ 정답은 39쪽에 있습니다.

맛과 향기 그리고 온갖 즐거움을 가진 치명적인 유혹들은 우리 주위에 너무 많아. 아름다움으로도 유혹하고, 즐거움으로도 유혹

하고, 쾌감으로도 유혹하지. 여러분은 어때? 자신은 어떤 유혹에 약한 것 같아? 어떤 '백설 공주의 독 사과'를 먹어 본 것 같아?

 '백설 공주의 독 사과'가 가르쳐 주는 비밀은 바로 이거야. 세상에는 다른 모습의 독 사과들이 여러분을 유혹하고 있다는 거지. 백설 공주가 탐스러운 사과에 당했다면 여러분은 무엇에 당하고 있는 걸까? 그 대가로 얻게 된 독은 뭘까? 그리고 혹시 우리 아빠는 '백설 공주의 독 사과'인 술에 오늘 밤도 빠지시는 게 아닐까? 나는 딱 한 시간만! 이라고 외치며 게임과 웹툰에서 벗어나지 못하고 있는 건 아닐까?

2. 우리를 유혹하는 '백설 공주의 독 사과'에는 또 어떤 것이 있을까요?
   (   )

➡정답은 39쪽에 있습니다.

뱀이 물고 간
두 번째 사과는
어디로 갔을까?

 태초에 하느님이 세상을 만들면서 아담과 하와에게 에덴동산을 선물하셨지. 그곳은 지상 낙원이었어. 곳곳에 먹을거리가 넘쳐 나서 일하지 않고도 풍요롭게 살 수 있는 곳으로, 아담과 하와는 아기처럼 벌거벗고 마냥 뛰어놀기만 하면 되는 곳이었지. 마치 엄마가 주는 대로 먹고, 놀고 싶은 대로 놀아도 되는 아기 같은 삶이었어. 근데 딱 하나만은 아담과 하와에게 금지된 것이 있었지.

25

"이 에덴동산에 있는 나무 열매는 무엇이든 따 먹어도 되지만 선과 악을 알게 하는 나무 열매만은 절대 따 먹으면 안 된다. 명심해라. 그걸 따 먹는 날에는 이 동산에서 쫓겨날 것이다."

선과 악을 알게 하는 나무 열매……! 아하, 뱀이 물고 간 사과가 바로 이 열매였지. 뱀은 어떻게 하느님이 먹지 말라고 한 '선악과'를 아담과 하와에게 먹게 했을까?

"하와야, 하와야, 이 탐스러운 사과 좀 보렴. 먹어 보고 싶지 않니?"
"야, 정말 예쁘게 생긴 과일이구나. 하지만 안 돼. 하느님이 다른 건 다 먹어도 되지만 이 과일만은 절대 먹지도 만지지도 말라고 하셨거든."

여기까지는 백설 공주와 계모의 대화하고 비슷하지. 유혹하는 자와 뿌리치려고 노력하는 자. 근데 뱀은 세상에서 가장 예쁜 여자가 되고 싶은 것도 아니면서 왜 저 선악과를 하와에게 먹이려고 할까?

"하와야, 하와야, 근데 참 이상하지 않니? 하느님은 왜 다른 과일은 다 허락하시면서 이 과일만은 못 먹게 하시는 걸까?"
"음, 그거야…… 음……?"

"혹시 두려워하시는 건 아닐까?"

"두려워하신다고? 하느님이 무얼?"

"이 사과를 먹으면 눈이 밝아진단다. 그래서 세상에 있는 선과 악을 구별하는 능력이 생기지. 바로 하느님처럼 말이야."

"하느님처럼?"

"그래. 지금 너와 아담은 선과 악을 모른 채 아기처럼 살고 있어. 몸은 다 자란 어른인데 말이야. 선과 악을 알면 비로소 무엇이 옳고 그른지 알고 판단하게 되는, 생각하는 능력이 생기는 거란다. 하느님처럼!"

아, 그렇구나. 선과 악을 알게 하는 사과엔 그런 능력이 숨어 있었구나. 세상의 모든 열매가 열리는 에덴동산에서 굳이 하나쯤은 맛을 모르고 살아도 하와는 괜찮았어. 하지만 '하느님처럼!'이라는 말은 빨리 어른이 되고 싶은 아기처럼 하와의 호기심을 충분히 자극했지. 그렇게 해서 뱀이 열두 개의 다리를 값으로 치르고 가져온 사과는 하와에게 전해졌고 그녀는 호기심 가득한 마음으로 아삭, 달콤한 사과를 아담과 나눠 먹었어.

"에구머니, 우리가 벌거벗은 몸이라니. 아휴, 창피해라."

'에덴동산의 사과'를 먹고 아담과 하와는 눈이 밝아졌어. 아기들처럼 벌거벗은 몸이 처음으로 부끄러웠지. 그리고 부쩍 어른처럼 생각이 많아지고 의젓해졌어. 또 세상에 존재하는 선과 악이 무엇인지 알게 되었지. 뿌연 안개가 걷히듯 세상이 더 또렷하게 보였어.

그다음에 두 사람은 어떻게 되었냐고? 물론 하느님의 명령을 어겼으니 에덴동산에서 추방되었지. 이제부턴 일을 해서 먹고살아야 해. 지상 낙원에서 쫓겨났으니까. 하지만 말이야. 아무것도 모르고 부모님한테 모든 걸 의지하면서 아기처럼 사는 게 좋은 걸까? 아니면 조금 힘이 들더라도 스스로의 힘으로 생각하고 판단하면서 옳고 그름을 구별하며 사는 것이 더 좋은 걸까? 아마 뱀은 두 번째가 훨씬 더 좋은 거라고 생각했나 봐.

'에덴동산의 사과'가 가르쳐 주는 비밀

우리도 아기이던 때가 있었지. 배고프면 울고, 싸고 싶으면 때와 장소를 가리지 않고 시~원하게 싸고, 먹고, 자고 하던 시절. 하지만 지금은 어때? 그때에 비하면 완전 문명인이잖아? 때와 장소를 따져 가며 본능에 충실할 줄도 알고, 매일매일 학교를 다니면서 열심히 배우는 교양인이 되었지.

또 사람으로서 해야 할 일과 하지 말아야 할 일을 뚜렷이 구분하면서 살아. 도덕과 윤리가 무엇인지 아니까 말이야. 만약 그런 개념이 머릿속에 없다면 세상은 어떻게 될까? 거리에 벌거벗은 사람들이 돌아다니고, 가게에서는 아무거나 자기가 원하는 걸 그냥 가져가 버린다면? 선과 악을 모르는 사람들로 가득하다면? 한마디로 야만인의 세상이 되겠지! 그러니 선과 악을 구분하게 하는 '에덴동산'의 사과는 지금 시대에 꼭 필요하다고 할 수 있지 않을까?

3. 우리에게 선과 악을 구분하는 능력을 가르쳐 주는 '에덴동산의 사과' 같은 존재는 또 무엇일까요? 다음 중 '에덴동산의 사과'라고 생각되는 항목의 ( ) 안에 'O' 표시를 하세요.

① 부모님의 말씀 (   )

② 학교에서의 배움 (   )

③ 책을 통한 깨달음 (   )

④ 공자의 말씀 (   )

⑤ 선생님의 말씀 (   )

⑥ 종교의 가르침 (   )

⑦ 이성(선악을 식별하여 바르게 판단하는 능력) (   )

4. 그렇다면 또 우리에게 선과 악을 구별하는 능력을 가르쳐 주는 '에덴동산의 사과'에는 무엇이 있을까요?
(   )

➡정답은 39쪽에 있습니다.

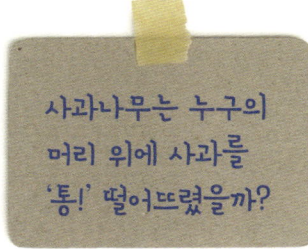
사과나무는 누구의 머리 위에 사과를 '퉁!' 떨어뜨렸을까?

"온다! 캬, 시간 하난 정말 정확해. 나도 오늘은 제대로 조준해서 그의 머리에 퉁! 맞혀 볼 테다."

사과나무를 향해 걸어오는 저 남자가 바로 '사과 고민, 달 고민'에 빠졌다는 그 사람이로군. 내가 멀리 이 영국까지 오기 전에 저 남자에 대해 뒷조사를 좀 했는데, 사과 하나로 세상을 깜짝 놀라게 만든 굉장히 유명한 과학자더군. 아마 오늘이 그날인가 봐. 쉿, 숨을 죽이면서 지켜보자고.

"아, 대체 왜 의문이 풀리지 않는 걸까? 왜 사과는 땅으로 떨어지고, 달은 저렇게 하늘에 붙박여 있단 말인가?"

남자의 말이 끝나기 무섭게 사과나무는 "이때다!"를 외치며 도서관을 통째로 꿀꺽, 삼켰다는 '아하! 사과'를 남자의 머리 위에 통! 떨어뜨렸지. 그러자 '열려라, 참깨!' 주문을 듣고 열린 동굴 문처럼 남자의 입에서 정말 빛나는 보석이 쏟아져 나왔지 뭐야.

"아하, 바로 그거야! 사과가 땅에 떨어지는 건 이 지구에 물체를 끌어당기는 힘인 '중력(重力)'이 있기 때문이야. 때문에 지구와 모든 물체 사이에는 '만유인력(萬有引力)'의 법칙이 작용하는 거라고."

"그럼 달은?"(하지만 이 남자에겐 사과나무의 목소리가 들리지 않아. 그래서 계속 혼잣말을 하고 있어.)

"달도 지구에 떨어지는 게 맞아. 만유인력의 법칙이 작용하지 않는다면 달은 이미 우주 공간 밖으로 달아났을 거야. 달의 직선 운동과 지구의 인력이 결합했기 때문에 달은 지금 지구 둘레를 돌고 있는 거라고! 찾았어, 찾았다고. 이 지구의 비밀을!"

뭐? 사과나무는 알 듯도 모를 듯도 했어. 중력이나 만유인력 같은 과학적인 상식이 풍부하지 않았기 때문이지. 하지만 그가 자신이 던져 준 '아하! 사과' 덕분에 세상의 중요한 진실 하나를 알아낸 건 분명해.

아, 참. 중요한 사실을 깜박했군. 이 남자의 이름은 바로 아이작 뉴턴. 사과 한 알로 지구의 비밀을 찾아낸, 근대 과학의 아버지로 불릴 만큼 유명한 사람이지. 재미있게도 이때가 1687년 여름이었는데 당시 뉴턴은 런던에 있었대. 근데 끔찍한 전염병이 도시를 뒤덮자 부랴부랴 자신의 고향인 링컨셔로 갔고 거기서 운명의 사과나무를 만난 거지. 이 맘씨 좋은 사과나무가 아니었다면 그는 '만유인력의 법칙'을 발견하지 못했을 거야. 그리고 우린 한참 뒤에야 지구의 비밀을 알았겠지?

'뉴턴의 사과'가 가르쳐 주는 비밀

'뉴턴의 사과' 이야기는 이후 많은 예술가들에게 영감을 주었어. 무엇인가를 새로 깨닫게 되었을 때, 몰랐던 세계를 알게 되었을 때, 새로운 지식에 눈을 떴을 때 바로 '뉴턴의 사과를 먹었다.'라고 표현하게 됐지. 세상에는 눈으로 보고 저절로 알게 되는 것도 있지만 지식과 정보 그리고 깨달음을 얻어야 보이는 세계도 있단다. '아는 만큼 보인다.'는 말 들어 봤지? 다양한 영역의 '뉴턴의 사과' 같은 지식과 정보를 부지런히 먹은 사람들의 눈에는 이 세계가 더욱더 신비롭고 흥미진진해 보이는 법이야.

5. 우리에게 새로운 세상에 눈뜨게 하는 '뉴턴의 사과'는 다음 중 어떤 것일까요? '뉴턴의 사과'라고 생각되는 항목의 ( ) 안에 'O' 표시를 하세요.

① 음악의 규칙 (   )

② 수영하는 법 (　　　　　)

③ 그림의 역사 (　　　　　)

④ 식물의 세계 (　　　　　)

⑤ 천문학 (　　　　　)

⑥ 시 쓰는 법 (　　　　　)

⑦ 요리하는 방법 (　　　　　)

6. 그렇다면 우리에게 새로운 세상을 보게 해 주는 '뉴턴의 사과'에는 또 무엇이 있을까요?
(　　　　　　　　　　　　　　　　　)

➜ 정답은 39쪽에 있습니다.

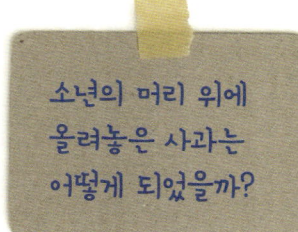
소년의 머리 위에 올려놓은 사과는 어떻게 되었을까?

"꼬마 녀석이 도망가지 못하도록 보리수나무에 꽁꽁 묶어라."

"필요 없다. 이 나쁜 게슬러 총독아, 난 도망가지 않아. 우리 아빠를 믿기 때문에 하나도 두렵지 않아. 아빠, 이 사과를 보세요. 난 조금도 두렵지 않아요. 이 특별한 사과가 아빠에게 커다란 용기를 줄 거예요!"

소년의 아빠는 결심한 듯 보리수나무에서 정확히 80걸음을 떼더니 우뚝 섰어. 그리고 크게 심호흡을 하고 나서 활시위에 힘을 불어넣었지. 근데 왜 이런 말도 안 되는 잔인한 장면이 만들어졌냐고?

발터가 말했잖아. 마귀처럼 못된 게슬러 총독 때문이라고.

때는 14세기 무렵이고, 이곳은 스위스의 어느 한적한 시골이야. 평화로운 마을에 오스트리아 황제의 군대가 쳐들어와 그 일대를 모두 장악해 버렸지. 우리나라로 치면 일본에 나라를 빼앗겼던 '일제 강점기'라고나 할까? 당시 우리도 일본 군인들에게 핍박을 받은 것처럼 발터가 사는 마을 사람들도 그랬지. 억울한 죽음이 매일 벌어졌어. 사람들의 분노는 점점 치솟았지.

그때 가장 못된 인물 중 하나가 바로 게슬러 총독이었는데 이 아저씨가 정말 말도 안 되는 짓을 사람들에게 시켰어. 자기 모자를 장대에 걸어 두고 길을 오가는 사람들에게 절을 하도록 명령했지. 근데 발터 아빠가 그걸 어기는 바람에 이런 사태가 벌어지게 된 거야. 게슬러는 명사수로 알려진 발터 아빠에게 아들의 머리 위에 사과를 올려놓고 맞히라고 했어. 그 때문에 발터 아빠는 물론 사람들의 눈에도 피눈물이 흘렀어.

"아빠, 염려 마세요. 이 사과가 아빠와 저를 지켜 줄 거예요. 그러

33

니 용기를 내서 힘껏 쏘세요!"

아들의 말에 용기를 얻은 발터의 아빠는 마음을 가라앉히고 아들의 머리 위에서 마치 불길처럼 타오르는 붉은 사과를 향해 활시위를 당겼어. 결과는? 명사수답게 사과 중앙에 정확하게 명중시켰어.

"빌헬름 텔 만세! 빌헬름 텔 만세!"

사람들은 이 통쾌한 복수에 흥분하며 발터 아빠의 이름을 외쳤어. 그리고 이 일은 마을 사람들과 그 소식을 들은 스위스 사람들에게 분노와 함께 독립의 의지를 불태우게 하는 용기의 파도가 되었지. 결국 독립운동은 성공했고, 빌헬름 텔은 게슬러의 심장에 뜨거운 독립의 화살을 날렸지.(발터는 문어 할매와의 약속을 지켰고!)

'빌헬름 텔의 사과'가 가르쳐 주는 비밀

아들의 머리 위에 놓인 사과를 맞히기 위해 활을 당기는 아빠의 심정이 어떨까? 엄청난 용기와 자신감이 없으면 엄두도 내지 못할 일이야. 만약 빌헬름 텔이 아들을 죽일지도 모른다는 두려움에 굴복했다면 그 자신은 물론 많은 사람들에게 불타는 용기를 전해 줄 수 없었겠지.

==빌헬름 텔의 사과'는 '용기의 사과'야.== 이 사과는 자신은 물론 다른 이들의 가슴속에 뜨거운 용기를 일으키는 힘도 가지고 있지. 우리도 살면서 종종 '빌헬름 텔의 사과'가 필요한 때가 있지. 용기를 낸다는 것은 정말 어려운 일 중 하나거든. 많은 사람들 앞에서 노래를 할 때도, 실패한 달리기에 다시 도전하는 것도, 사랑하는 이에

게 사랑을 고백할 때도 '빌헬름 텔의 사과'는 정말 필요하지.

7. 아래의 항목 중에서 '빌헬름 텔의 사과'가 필요하다고 생각되는 항목에 동그라미 표시를 해 보세요.

① 번지 점프를 할 때 (   )

② 자신의 잘못에 대해 용서를 구할 때 (   )

③ 새로운 음식을 먹을 때 (   )

④ 귀신 놀이를 할 때 (   )

⑤ 실패한 일에 도전할 때 (   )

⑥ 어려운 처지에 놓인 사람을 도울 때 (   )

⑦ 고백을 할 때 (   )

8. 그 밖에 '빌헬름 텔의 사과'가 필요한 때는 언제라고 생각하나요?
(   )

➜ 정답은 39쪽에 있습니다.

황금 사과를 차지한 가장 아름다운 여신은 누구일까?

'세상에서 가장 아름다운 여신에게'라는 문구가 적힌 황금 사과 하나가 결혼식장을 엉망진창으로 만들었어. 불화의 여신 에리스가 결혼식을 망치려고 일부러 던졌거든. 왜냐면 이 결혼식의 주인공들이 불화의 여신 에리스를 초대하지 않았기 때문이야.

불화의 여신이 결혼식장에 오면 분위기가 안 좋을까 봐 꺼렸던 거지. 근데 딱 걸린 거야, 에리스에게. 인정이라고는 눈곱만큼도 없는 그녀가 자신의 주특기를 살려 결혼식장을 쑥대밭으로 만들기로 작심했지.

그것도 모르고 세 명의 여신은 자기가 황금 사과를 갖겠다면서 여신들답지 않게 무척이나 인간답게들 싸웠어. 마치 올림픽 레슬링 시합에 참석한 선수들처럼 말이지. 1번 선수는 제우스의 부인 헤라, 2번 선수는 지혜와 전쟁의 신 아테나, 3번 선수는 미의 여신 아프로디테였어.

누가 이겼냐고? 말도 마. 도저히 싸움이 멈추질 않는 바람에 신들의 신 제우스가 특단의 조치를 취했어. 산에서 양들을 키우고 있는 목동 파리스에게 황금 사과를 준 뒤 그가 한 명을 선택하도록 명령했어. 그래서 제우스의 심부름꾼인 헤르메스가 파리스에게 황금 사과를 전해 주었지.

앞다투어 파리스 앞에 나타난 세 여신은 황금 사과를 얻으려고 그에게 최상의 조건들을 내걸었지. 헤라는 자신에게 황금 사과를 주면 이 세상의 권력을 주겠다고 했고, 아테나는 모든 전쟁에서의 승리를 약속했어. 그때 파리스를 유심히 쳐다보던 아프로디테는 그가 젊은 청년이라는 걸 알아차리고 그에게 다가가 속삭였어.

"내게 이 황금 사과를 준다면, 이 세상에서 가장 아름다운 여인의 사랑을 주겠노라."

누가 이겼을 것 같아? 외로운 젊은 목동의 마음을 제대로 꿰뚫은 아프로디테 여신의 손에 황금 사과가 쥐여졌어. 파리스는 부와 명예 그리고 전쟁의 승리보다 사랑이 절실한 청년이었거든. 아프로디테는 두 여신을 가볍게 제치고 '황금 사과 금메달'을 목에 걸었지. (하지만 이 사랑은 훗날 역사에 남을 만큼 엄청났던 '트로이 전쟁'의 원인이 돼 버렸어.)

'파리스의 황금 사과'가 가르쳐 주는 비밀

'세상에서 가장 아름다운 여신에게'가 적힌 황금 사과를 손에 쥔 아프로디테의 기분은 어땠을까? 거울로부터 '이 세상에서 가장 아름다운 여인은 바로 여왕님이십니다.'라는 답변을 들었을 백설 공주 계모의 심정과 비슷하겠지? 그 순간만큼은 세상을 다 가진 것처럼 행복했을 거야. 커다란 메달을 목에 달고 군중의 환호를 받는 올림픽 금메달리스트가 된 기분이겠지?

파리스의 황금 사과는 '보상의 사과'야. 우린 언제 '파리스의 황금 사과'를 받을까? 열심히 공부해서 좋은 성적이 나올 때 그 성적은 '파리스의 황금 사과'가 되겠지. 그리고 악필을 고치기 위해 부지런히 글씨 연습을 하면 어느 순간 예쁜 글씨가 된 '황금 사과'를 받게 될 거야. 꾸준한 운동은 날씬하고 건강한 몸매라는 '황금 사과'를 주고, 열심히 훈련한 운동선수들은 금메달이라는 '황금 사과'를 목에 걸지.

9. 아래 항목들 중에서 '파리스의 황금 사과'는 무엇일까요? '파리스의 황금 사과'에 해당하는 항목의 ( ) 안에 'ㅇ' 표시를 하세요.

① 금연에 성공한 아빠 (   )

② 꾸준히 운동하는 엄마 (   )

③ 매일 독서하는 나 (   )

④ 시간 약속을 잘 지키는 친구 (   )

⑤ 글쓰기 습관을 가진 누나 (   )

⑥ 저축을 열심히 하는 우리 가족 (   )

⑦ 꾸준한 악기 연습 (   )

10. 또 다른 '파리스의 황금 사과'는 어떤 행동의 결과로 얻게 되는 것일까요?
(   )

➜ 정답은 39쪽에 있습니다.

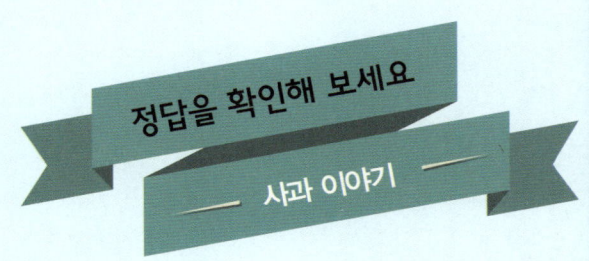

1. 만약 7개 항목에 모두 'O' 표시를 했다면 뛰어난 사고력을 가졌다고 자부심을 가져도 좋을 거예요. 사실 위의 일곱 가지 항목은 모두 사람들을 유혹하는 치명적인 독을 가진 사과들이거든요.
2. 웹툰, 어떤 수를 써서라도 일등 하고 싶은 욕망, 뽑기 등
3. 7개 모두 정답입니다.
4. 전문가의 동영상 강의, 자신의 실수에서 얻은 깨달음 등
5. 7개 모두 정답입니다.
6. 명화, 최신 과학 기사, 고전 작품 등
7. ④를 제외한 모든 번호
8. 자신의 잘못으로 다른 사람이 어려움에 빠진 것을 보고 잘못을 고백할 때, 내가 알고 있는 다른 사람의 잘못이 제3자에게 불이익을 끼치는 상황을 마주하고 있을 때 등
9. 7개 모두 정답입니다.
10. 아름답고 멋있는 행동을 했을 때, 자신이 목표한 것을 이루어 냈을 때, 기쁨과 성취감을 느낄 수 있는 행동을 했을 때 등

모자 이야기

앨리스는 왜 모자 장수의 '엉망진창 티 파티'에 초대되었을까?

🍎 이상한 '엉망진창 티 파티'에 찾아온 손님

크고 기다란 테이블에 찻잔들이 어지럽게 놓여 있네. 누가 보면 파티가 끝난 줄 알고 그냥 돌아갈 것 같아. 아직 시작도 하지 않았는데 말이야.

"서둘러야 해. 이제 곧 세 시야!"

"정신 차려. 넌 아까부터 내가 줄 맞춰 놓은 찻잔들을 열심히 어지르고 있잖아!"

주머니에서 회중시계를 꺼내 보는 3월의 토끼에게 말하는 산쥐의 목소리가 날카롭네.(산쥐는 '3월의 토끼'라는 이름이 성격에 걸맞지 않게 너무 문학적이라면서 춘향이 향단이 부르듯, 토끼를 '삼월아' 하고 불러.)

"산쥐의 신경증이 또 시작됐군. 파티의 이름이 '엉망진창 티 파티'니까 찻잔들도 이렇게 엉망진창으로 있어야 하지 않겠어?"

둘이 벌이는 실랑이에 아랑곳없이 모자 장수는 연신 다른 곳을 보고 있어.

"이제 곧 도착하겠군."

이 정신없는 '엉망진창 티 파티'에 초대된 손님은 누구일까?

땡! 땡! 땡!

세 시가 되자, '쿵! 쿵! 쿵!' 소리와 함께 정말 누군가가 나타났어.

"삼월아~ 이…… 아인 너무 크잖아? 잘못된 거 아니야?"

파티에 도착한 손님은 몸집이 집채만 한 소녀였어. 표준 사이즈를 훌쩍 뛰어넘은 소녀를 보고 신경증 환자인 산쥐가 불안해했지.

"걱정 마, 산쥐야. '이상한 나라'에 들어오려고 잠깐 몸이 커진 것뿐야. 차를 마시면 돼. 그 차가 어디 있더라?"

3월의 토끼가 건네준 '쭈그렁쭈그렁차'를 소녀는 거침없이 마셨어. 근데 웬걸, 소녀의 몸이 작아지기는커녕 점점 더 커져서 잭의 콩나무처럼 구름을 뚫고 올라갈 기세야. 이런, '쭈그렁쭈그렁차'가 아니라 '쭉쭉차'를 마셨나 봐. 몹시 놀란 산쥐가 얼른 차를 바꿔 줬어. 그제야 소녀의 몸이 쭈그렁쭈그렁, 녹아내리듯 작아졌어.

"토끼와 쥐가 말을 하다니 말도 안 돼. 이건 꿈이야, 꿈. 얼른 깨어나야 해. 저기, 꿈에서 깨려면 어떤 차를 마셔야 해요?"

소녀는 영문도 모른 채 엉망진창 티 파티에 온 것 같아.

"모자 장수, 아무리 봐도 이 아인 우리가 기다리던 앨리스가 아닌 것 같아. 하긴 이제 곧 어떤 앨리스인지 밝혀지겠지. 가짜 앨리스들은 모자 장수가 내는 수수께끼 같은 질문을 풀지 못했잖아."

산쥐가 의심의 눈초리로 소녀를 봤지.

"이 아인 마지막으로 찾아온 100번째 앨리스야. 제발, 이 앨리스가 우리가 기다리던 앨리스이길!"

삼월이의 목소리엔 간절함이 절절했어.

"이 아인 '곧 앨리스가 될 앨리스'야."

모자 장수가 나지막한 목소리로 말했어.

"여기서 지금 수수께끼 대회가 열리나요? 야~ 생각보다 재미있는 꿈인가 봐! 나 수수께끼 풀고 나서 꿈 깰래요! 근데 모자 장수 아저씨, 왜 나를 '곧 앨리스가 될 앨리스'라고 불렀나요? 난 이미 앨리스라고요!"

"넌 아직 앨리스가 아니란다. 앨리스가 되어 가고 있는 중이지."

모자 장수의 설명에 앨리스가 고개를 갸우뚱거리자 산쥐가 끼어들었어.

"넌 아직까지 우리가 찾는 앨리스도 아니고, 자기가 어떤 앨리스인지도 모르고 있어."

앨리스는 자신이 어떤 앨리스인지 모른다는 말이 무척 이상하게 들렸지만 왠지 중요한 말처럼 느껴졌어.

앨리스가 '엉망진창 티 파티'에 초대된 것은 진짜 앨리스가 되기 위한 과정이라고 했어. 모자 장수가 내는 3단계 수수께끼를 풀어야만 진짜 앨리스가 된다는 거야.

"내가 진짜 앨리스가 되면 무엇이 달라지죠?"

앨리스의 목소리가 한층 진지해졌네.

"자신에 대한 용기와 믿음이 생기지. 인생을 멋있게 살기 위해선 반드시 필요한 힘이란다."

모자 장수의 말에 앨리스는 가슴이 두근거렸어. 무엇보다 중요하고, 무엇보다 멋진 말처럼 들렸거든.

"게다가 네가 오늘 무사히 3단계 수수께끼를 푸는 순간 우리 셋은 100년의 기다림 끝에 드디어……!"

"안 돼, 산쥐~!"

삼월이가 끼어들면서 말을 가로막았어. 산쥐도 자신의 실수를 알아챘는지 깜짝 놀라며 자신의 입을 막아 버렸지. 왜들 이러지? 앨

리스는 그들의 태도가 수상쩍었지만 그보다는 자신이 풀 수수께끼가 더 궁금해졌어.

"모자 장수 아저씨, 얼른 수수께끼를 내 주세요. 나는 진짜 내가 되고 싶어요!"

"앨리스, 먼저 네가 수수께끼를 풀 자격이 있는지 테스트하는 문제를 낼 거야. 너무 긴장하지는 마. 내가 널 도와줄게."

3월의 토끼는 앨리스에게 생각이 쏭, 쏭, 잘 떠오르게 하는 '쏭쏭쏭차'를 마시게 했어. 산쥐는 그런 삼월이가 맘에 들지 않는 듯 여전히 고개를 절레절레 내저었지.

🍎 모자 장수의 수수께끼

"앨리스, 이게 뭐지?"

모자 장수가 자신의 모자를 벗더니 내밀었어. 앗, 모자 장수의 머리 빛깔이 붉은색이었군. 혹시 빨간 머리 앤과 친척?

"모자잖아요. 근데 참 신기하게 생겼어요. 마치 마술사 모자처럼 생겼는데 요즘 유행하는 스타일은 아니네요."

"거참, 묻는 말에 대답이나 하지, 무슨 유행 타령이람."

산쥐는 여전히 앨리스를 못 믿는 눈치야.

"맞아. 그럼 다시 물을게. 나는 왜 모자를 쓸까?"

모자 장수가 느릿느릿한 말투로 물었어.

"그야, 빨간 머리가 부끄러워서 그런 거겠죠! 깔깔."

순간 모자 장수의 얼굴이 살짝 빨개지는 걸 삼월이가 보더니 얼른 앨리스에게 '차분차분차' 한 잔을 억지로 마시게 했어. 맛은 별로지만 효과는 확실한.

"머리를 보호하기 위해서겠죠? 모자를 쓰면 뜨거운 태양으로부터 머리가 빠지는 걸 방지하고, 차가운 바람으로부터 체온을 보호해 주니까요. 모자는 머리를 보호하는 도구인 거죠."

오호, 산쥐가 놀란 눈으로 앨리스를 봤어. 하지만 이내 새침데기 표정이 됐지. 삼월이가 '어때? 제법이지?' 하는 눈빛으로 산쥐를 봤거든.

"잘했어! 앨리스, 넌 방금 모자 장수의 수수께끼를 풀 자격을 얻었어. 모자 장수의 수수께끼를 풀 자격은 모자가 무엇인지 말할 수 앨리스!

있는 사람에게만 주어지거든. 지금까지 열 명의 앨리스가 이 과정을 통과했단다."

삼월이의 칭찬에 앨리스가 어깨를 으쓱했어.

모자 장수는 그제야 앨리스에게 티 테이블에 앉을 수 있는 의자를 권했지. 드디어 본격적인 수수께끼가 시작되려나 봐. 앨리스가 살짝 목이 탄 듯 찻잔에 손을 대자 산쥐가 쪼르르 달려오더니 앨리스의 손등을 찰싹, 때렸어.

"이봐, 아직은 앨리스가 아닌 앨리스, 여기서는 아무 찻잔에나 손을 대면 안 된대!"

"진짜 앨리스가 되려면 '모자의 정체'를 밝히는 수수께끼를 풀어야 한단다. 여기엔 총 3단계의 과정이 필요하지."

모자 장수의 말에 또 산쥐가 끼어들었어.

"지금까지 1단계를 통과한 앨리스는 다섯 명, 2단계를 통과한 앨리스는 두 명이었어. 앞으로 계속 어려운 수수께끼가 나올 테니 겨우 문턱을 통과한 정도로 우쭐대지 말라고!"

'나한테 왜 저러는 거지?'

앨리스는 삼월이와 달리 자기를 미워하는 듯한 산쥐가 섭섭했어. 하지만 호기심 많은 앨리스는 이 이상한 꿈이 마음에 들면서, 점점 현실처럼 느껴졌어.

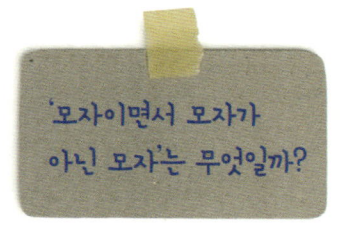
'모자이면서 모자가 아닌 모자'는 무엇일까?

"그럼 1단계를 시작해 볼까?"
그렇게 말하고는 모자 장수가 난데없이 노래를 부르더군. 정말 이상한 노래였어. 돌고래가 부르는 노래도 이보단 나을 것 같아. 하지만 가사는 또렷했어. 신기하게.

♪♪모자, 모자, 모자.
모자는 신발이 아니랍니다.
아래가 아니라 위에 있는 모든 것은 모자랍니다. ♪♬

♪♪모자, 모자, 모자.
모자는 머리의 옷이랍니다. 모자의 눈으로 세상을 보세요.
모자의 눈을 뜨면 세상이 커다란 모자로 보인답니다. ♪♬

♬눈을 떠요. 눈을 떠요.
뜬 눈은 두 개, 감은 눈은 1000개.
부디 잠자는 눈을 뜨고 세상을 새롭게 바라보세요. ♪♪

"곧 앨리스, 지금 이곳에는 내 모자 말고 또 다른 모자들이 있단다. '모자이면서 모자가 아닌 모자는 무엇일까?' 이것이 1단계 수수께끼야. 세 개의 모자를 찾아야 1단계를 통과할 수 있단다."
"이봐, 1단계에서는 딱 한 잔의 차만 마실 수 있어."

산쥐의 목소리는 운동 경기의 심판처럼 차가웠어.

"엉망진창 널려 있어도 이 차들은 모두 특별하단다."

'은근히'가 아니라 대놓고 앨리스를 응원하는 3월의 토끼가 차에 대해 친절하게 설명해 주었어. 티 테이블에 널브러져 있는 수십 잔의 찻잔 속에는 특별한 힘을 불어넣어 주는 차들이 담겨 있대. 앨리스가 수수께끼를 잘 풀 수 있도록 도와줄 거라나? 하지만 아무 차나 덜컥 입에 댔다가는 영원히 집으로 돌아가지 못하게 하는 차도 있다니 조심해야 한대.

"참, 3단계 수수께끼들은 오후 6시가 되기 전에 다 풀어야 해. 오후 6시가 되면 이 파티는 끝나거든. 수수께끼를 풀지 못한 채 6시가 되면 우린 붉은 노을에 젖어 한 잔의 차가 돼 버릴 거야. 영영 마법을 풀지 못하고……!"

산쥐가 또 말을 끝맺지 못하고 후다닥 자기 입을 막았어.

티 테이블이 놓인 곳은 커다란 떡갈나무 아래였어. 근데 떡갈나무 가지 위에 웬 노란 우산 하나가 달랑달랑 걸려 있네. 아마 폭풍우가 칠 때 어디선가 날아왔나 봐. 하지만 앨리스가 아무리 둘러봐도 모자처럼 생긴 사물은 보이지 않았어. 이럴 땐 어떤 차를 마셔야 할까? 숨바꼭질에서 뭐든 찾아내는 '술래술래차'를 마실까? 보물찾기에서 매번 1등만 하게 해 준다는 '찾았다찾았다차'를 마실까?

"저건 무슨 차야? 난 저 차를 마시고 싶어!"

"오, 탁월한 선택! 그건 '데굴데굴차'야. 저 차를 마시면 네 눈동자가 데굴데굴 자유롭게 굴러가면서 순식간에 많은 것을 관찰할 수 있게 돼. 마치 '잠자리 눈'처럼 말이지. 덩달아 뇌세포들도 데굴데굴 더 잘 구르면서 생각이 유연해지지. 그런데 참, 모든 차는 절대 바닥이 보이도록 홀라당 마셔서는 안 된단다."

삼월이의 설명에 따르면, 레몬 빛깔의 '데굴데굴차'는 음…… 절대 레몬 맛이 아니래. 몸무게가 2톤이나 되는 아프리카 아기 코끼리 오줌 맛이라나? 차를 마신 앨리스의 눈동자가 데굴데굴 구르기 시작했어. 앨리스가 보기에는 자기를 쳐다보는 세 명의 눈동자 여섯 개가 데굴데굴 굴러가는 것 같았어.

"아, 신기하다. 마치 내가 잠자리가 된 것 같은 기분이야. 근데 조금 어지럽다."

데굴데굴 굴러가는 눈동자를 멈추기라도 하려는 듯 앨리스가 눈을 감자 이번에는 머릿속 생각들이 데굴데굴 굴러다녔지.

이윽고 앨리스가 눈을 떴어. 앨리스의 눈동자는 더 이상 데굴데굴 굴러다니지 않았어. 차를 마시기 전보다 더 또렷해진 눈동자로 앨리스는 입을 열었어. 꿀꺽, 산쥐의 목구멍으로 침이 데굴데굴 굴러 넘어가는 소리가 다 들려.

"휴, 잠자리 눈으로 세상을 보는 건 쉬운 일이 아닌 것 같아. 순식간에 너무 많은 것이 보여서 눈이 빠지는 것 같고 머리가 아파. 하지만 아무 생각 없이 그냥 세상을 보는 거랑 무엇인가를 찾기 위해 세상을 보는 건 분명 다른 것 같아.

난 모자를 보려고 완전 집중했어. 또 '모자가 아닌 모자'를 떠올리려고 주문을 외우듯 계속 되뇌었어. '모자는 머리 위에 있다. 모자는 머리를 보호해 준다.' 그러자 번뜩, 생각이 데굴데굴 자유롭게 춤을 추는 느낌이 들더니 저기 떡갈나무 가지에 걸려 있는 노란 우산이 모자로 보이는 거야!"

앨리스는 마치 보물을 찾은 듯 흥분했어.

"우산이 모자라고?"

삼월이의 눈이 더욱 동그래졌어.

"거봐, 내가 뭐랬어. 우리가 찾는 앨리스가 아니라고 했잖아. 괜히 시간 낭비만 했네."

산쥐는 앨리스의 대답에 실망한 기색이 역력했어.

"계속 말해 보렴."

그러나 모자 장수는 표정 한 번 바뀌지 않고 앨리스의 말에 귀를 기울였어.

"네. 우산은 모자가 분명해요. 왜냐면 우산도 머리 위에 쓰는 것이고, 모자처럼 비와 햇빛으로부터 머리를 보호해 주잖아요. 저기 떡갈나무에 걸린 노란 우산도 똑같은 역할을 하면서 우리 머리를 보호해요. 그러니까 모자가 맞아요!"

듣고 보니 일리가 있네. 삼월이는 안도의 한숨을 내쉬고, 산쥐는 '어라? 반전인데!' 하는 표정이 되었어.

"그럼 두 번째 우산은 무엇이니?"

모자 장수는 엷은 미소만 띤 채 곧장 두 번째 우산을 물었지.

"하늘이오!"

곧바로 터져 나온 앨리스의 대답에 산쥐와 삼월이는 자기들도 모르게 하늘을 쳐다봤어.

"두 번째 모자는 하늘! 하늘은 지구의 모자죠. 만약 하늘이라는 모자가 없다면 이 지구 상의 생명체들은 모두 죽고 말 거예요!"

"왜 죽어?"

앨리스의 말에 산쥐가 화들짝 놀라 물었어.

"산쥐, 과학 공부를 하나도 안 했구나. 네가 보고 있는 이 하늘은 눈에 보이지 않는 네 개의 층으로 이뤄져 있는데, 우리는 그걸 '대기권'이라고 불러."

평소 과학책을 좋아하는 앨리스가 산쥐에게 과학 선생님처럼 가르쳐 준 '대기권'이란 이런 거였어.

사실 우리가 하루도 빠짐없이 숨을 들이마시고 내쉬는 이 공기가 어느 곳에나 있을 것 같지만 그렇지가 않대. 우리가 밟고 서 있는 이 땅에서 점점 더 멀어질수록 공기가 계속 줄어들다가 우리가 지구 밖으로 쓩, 날아가 버리면 한 줌의 공기도 마실 수 없게 된다는 거야. 그래서 지구를 감싸 안고 있는 공기층을 우리는 '대기권'이라 부르고 지구의 생명체들은 모두 이 대기권 안에서만 살아갈 수 있다는군.

특히 대기권이 없으면 우리 모두 태양열에 불타 죽었을지도 모른대. 대기권의 가장 높은 층인 '열권'에서 태양의 복사 에너지를 흡~ 하고 빨아들여서 우리는 태양의 적정한 온도만 쬘 수 있다는 거야. 게다가 '오존층'에서 태양의 자외선을 많이 차단해 주기 때문에 야외 활동을 가능하게 해 준대.

"그러니까 저 푸른 하늘은 지구의 머리를 보호해 주는, 세상에서 가장 큰 모자가 틀림없어요!"

자신감에 찬 앨리스의 대답을 듣고, 산쥐가 슬그머니 먹다 남은 '데굴데굴차' 찻잔에 슬쩍 손가락을 담갔다 빼더니 맛을 보더군.

"세 번째 모자는요!"

모자 장수가 채 묻기도 전에 앨리스가 성큼성큼 모자 장수에게로 걸어오더니 허락도 없이 모자 장수의 모자를 벗기면서 말했어. 모자 장수의 모자가 세 번째 모자일까?

"그건 진짜 모자야, 앨리스."

3월의 토끼가 의아한 듯 말하자 앨리스가 살짝 장난기 어린 얼굴로 대답했어.

"모자 장수 아저씨는 지금 모자 위에 또 다른 모자를 쓰고 있어서 내가 하나를 벗겨 드린 거야."

앨리스의 말에 산쥐가 의자를 밟고 올라서서 모자 장수의 빨간 머리를 쭈욱 잡아당기며 물었지.

"이봐, 모자 장수. 이거 가발이었어?"

아뿔싸, 이를 어째. 부리나케 도망가는 산쥐의 손엔 빨간 머리카락이 한 움큼 뽑혀 있지 뭐야. 이로써 모자 장수의 빨간 머리털이

가발이 아닌 건 확실해졌지만 그렇다고 모자는 더더욱 아니잖아?

"머리카락이 바로 모자예요. 그러니까 아저씨는 지금 빨간 모자를 쓰고 계신 셈이죠. 물론 '빨간 머리 앤'도 알고 보면 '빨간 모자를 쓴 앤'이었던 거예요. 킥킥."

앨리스가 장난으로 벗긴 모자를 돌려주자, 모자 장수가 물었지.

"어째서 내 머리카락이 모자라고 생각하는 거지?"

"아저씨는 가끔 이상하다고 생각하지 않나요? 이 토끼나 저 산쥐를 보세요. 우리 인간은 저들과 같은 포유류이면서도 털이 별로 없죠. 근데 하필이면 사람의 몸 중에서 털이 제일 많이 나는 곳이 왜 머리 위일까 하는 생각은 안 해 보셨어요?"

'정말, 그러고 보니 그러네?'라고 3월의 토끼는 생각했어. 몸 구석구석 털 길이가 별 차이 없이 자라는 자기들과 달리, 몸에서도 유난히 머리털만 길게 자라는 인간이 우스꽝스럽게 보였어.

"사람의 몸에서 특히 중요한 곳이 머리예요. 머리의 앞면인 얼굴은 자신을 나타내는 머리는 가장 중요한 부분이죠. 게다가 눈과 귀, 코, 입이 모두 머리에 있어서 가장 많은 감각 기관을 갖고 있어요. 결정적으로 사람을 가장 사람답게 생각할 수 있도록 만드는 뇌가 바로 이곳, 머리에 있죠. 그러니까 뭐니 뭐니 해도 사람의 신체 중에서 으뜸은 바로 머리예요!

그리고 이 중요한 머리를 보호하기 위해 인간의 몸이 스스로 만든 모자가 바로 머리털인 거죠. 겨드랑이 털에 비해 겹겹이, 촘촘히, 길게 자라는 이유가 바로 그것 때문이라고요. 머리는 소중하니까요."

앨리스의 말을 들으면서 산쥐는 잠깐 생각했어.

'왜 우리는 겨드랑이에 털이 안 나지?'

"그러니까 모자와 하늘 그리고 머리카락이 '모자이면서 모자가 아닌 모자'입니다!"

"앨리스, 잘했어. 네가 1단계 모자를 찾았어. 난 네가 해낼 줄 알았어."

3월의 토끼는 진심으로 기뻐했어.

"축하 인사를 하기엔 너무 이른 것 같은데. 이제 겨우 1단계를 통과했을 뿐이야."

산쥐는 여전히 자신의 속마음을 감추고 있는 듯한 목소리야. 하긴 수많은 앨리스들에게 희망을 걸었다가 번번이 실패하는 바람에 슬픔을 너무 많이 경험해서 그런지도 모르지.

앨리스는 뿌듯했어. 사실 모자 장수가 처음 문제를 냈을 때만 해도 자신이 문제를 풀 거라고는 생각하지 못했거든. 근데 1단계를 통과하니 자신을 응원하는 기운이 왠지 꿈틀꿈틀 일렁거리는 것 같았어.

1. 모자 장수가 낸 1단계 수수께끼를 여러분도 한번 풀어 볼까요? 아래의 보기 중에서 '모자이면서 모자가 아닌 모자' 두 개를 찾아보세요.

① 뭉게구름　② 필통　③ 나무 그늘　④ 숟가락

➡ 정답은 69쪽에 있습니다.

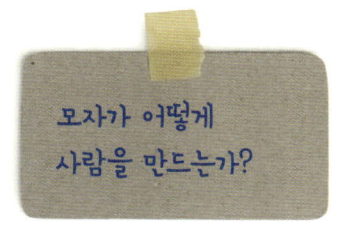
모자가 어떻게
사람을 만드는가?

"모자 장수 아저씨, 이제 2단계 문제를 내 주세요!"

앨리스의 목소리에는 자신감이 가득해. 이번엔 어떤 문제일까? 아마 1단계보다 훨씬 더 어려운 문제가 나오지 않을까? 3월의 토끼가 앨리스의 마음을 편안하게 해 주려고 '느긋느긋차'를 가득 따라 주었어.

♬나는 모자를 만들고, 모자는 생각을 만드네.
생각은 행동을 만들고, 행동은 나를 만들지.
나는 모자를 만들고, 모자는 나를 만드네.♪♪

♪♪열어 봐, 열어 봐. 눈을 열어 봐, 생각을 열어 봐.
한 송이 꽃이 태양에게 자신을 열듯 너의 눈을 열어 봐.
한 마리 새가 바람에게 자신을 열듯 너의 마음을 열어 봐.♬♬

모자 장수가 두 번째 노래를 불렀어. 앨리스는 이 음치 박치 노래가 더 이상 이상하게 느껴지지 않았어. '분명히 노래 가사에 다음 문제가 숨어 있을 거야.'라고 생각했지

"곧 앨리스, 나는 모자 만드는 사람이야. 내게 딱 맞는 일이지. 모자를 만드는 일은 무척 즐거워."

"근데 왜 모자를 만드시죠? 멋진 옷을 만들면 더 잘 팔려서 부자가 될 텐데요. 사람들은 옷만큼 모자를 많이 사지 않잖아요."

"난 돈을 많이 버는 일보다 사람들의 생각을 멋있게 바꾸는 일을 더 좋아한단다. 사람들의 생각이 변화를 일으킬 때 심장이 막 두근거려. 그래서 모자를 만들지."

"잠깐만요, 모자가 생각을 바꾼다고요? 모자를 팔아 돈으로 바꿀 수는 있지만 생각을 바꿀 순 없어요!"

앨리스는 모자 장수의 말이 틀렸다고 생각했지. '엄마도 쉽게 못 바꾸는 내 생각을 모자가 바꾼다고? 말도 안 돼!'라고 말이야. 그러고 보니 모자 장수가 부른 노래 가사 중에 '나는 모자를 만들고, 모자는 나를 만드네.'라는 부분이 있었어.

"이봐, 모자 장수! 이제 그만 2단계 수수께끼를 내놓으라고. 이러다간 금세 노을이 지고 말 거야."

산쥐가 삼월이의 회중시계를 들여다보며 소리쳤어.

"이번 수수께끼는 이거야."

모자 장수는 말 대신 세 개의 모자를 테이블 위에 가만히 올려놨어. 근데 세 개의 모자가 어디선가 본 듯한 낯익은 모자들이었어.

"이 모자들은 세상에서 꽤 유명한 모자들이란다. 2단계 문제는 '모자가 어떻게 사람을 만드는가?'라는 수수께끼야. 여기 있는 모자들이 힌트도 주고 해답도 줄 거야. 하지만 그러려면 우선 모자 주인들이 누구인지를 알아내야 해. 조금 어렵지? 그래서 2단계에서는 특별히 두 잔의 차를 마실 수 있도록 허락한다. 행운을 빈다."

매우 어려운 수수께끼야. 모두가 '알쏭달쏭차'를 마신 듯한 기분이 들었어.

"2단계 문제를 풀어야 할 너에게 허락된 차는 두 잔뿐이야."

모자 장수의 설명에 이어 삼월이가 다시 한 번 설명해 주었어.

"응. 알고 있어. 지금 나에게는 저 모자들에서 힌트를 찾아낼 뛰어난 관찰력을 발휘할 수 있는 차가 필요해."

앨리스는 과연 어떤 차를 선택할까?

"저건 어떨까?"

"오우, 큰일 날 말씀. 그건 '이랬다저랬다차'야."

"그럼 저건? 아주 달콤한 향기가 나."

앨리스가 덥석 찻잔에 손을 대려 하자 산쥐가 빛의 속도로 달려와서는 앨리스의 손등을 꽉, 깨물고 달아났어.

"아얏!"

앨리스는 정말 아프고 화가 났지. 하지만 삼월이는 가슴을 쓸어내리며 안도의 한숨을 내쉬었어. 방금 전 앨리스가 마시려던 차는 '몰라몰라차'였거든.

모자들이 해답을 가지고 있다면 어떻게 해야 할까? 앨리스는 문득 자신이 모자들의 친구라면 얼마나 좋을까 하고 생각했어.

"아하, 모자 속으로 들어가자. 그리고 모자랑 얘길 나눠 보는 거야! 3월의 토끼야, 내게 차 두 잔을 한꺼번에 줘. 하나는 몸을 작게 만드는 차로, 또 하나는 모자들과 이야기할 수 있도록 만들어 주는 차를 찾아 줘."

"차 두 잔을 한꺼번에 다 마셔 버리겠다고?"

삼월이는 앨리스의 말에 깜짝 놀랐어. 하지만 색깔과 향기 때문에 선뜻 결정을 내리지 못하고 우왕좌왕하는 것보다는 스스로 생각하고 판단하는 앨리스가 용감해 보였어.

"자, 여기. 이 차라면 네가 원하는 걸 이뤄 줄 거야."

삼월이가 앨리스에게 내민 두 잔의 차는 '쭈그렁쭈그렁차'와 '도란도란두런두런차'였어. 앨리스가 '쭈그렁쭈그렁차'를 먼저 마시려고 하자 어느새 옆에 와 있던 산쥐가 이번에는 앨리스의 손등을 찰싹, 때렸어. 아까부터 산쥐 때문에 화가 나 있던 앨리스가 산쥐에게 찻잔을 집어 던지려 하자 삼월이가 앨리스를 말렸어.

"앨리스, 산쥐는 지금 널 돕고 있는 거야."

"아냐, 쟤는 나를 싫어해."

앨리스가 씩씩거리며 말하자, 삼월이가 물었어.

"네가 이 '쭈그렁쭈그렁차'를 먼저 마시면 어떻게 될까?"

아차, 앨리스는 망치로 머리를 한 대 쿵, 맞은 느낌이 들었어.

'그렇구나, 몸이 작아지는 차를 먼저 마시면 나머지 한 잔을 마실 수가 없게 되지!'

손가락과 손등은 여전히 아팠지만 왠지 앨리스의 마음이 한결 편안해졌어. 친구 하나를 얻은 느낌이었거든.

앨리스는 '도란도란두런두런차'를 먼저 마신 다음 '쭈그렁쭈그렁차'를 마셨어. 그러자 앨리스의 몸은 모자 속으로 쏙, 들어갈 정도의 크기가 되었어.

"앨리스, 잘하고 돌아오렴. 참, 모자에게 해서는 안 될 질문은 '네 주인의 이름은 무엇이니?'란다."

녹색 빛깔에 깃털이 달린 모자는 누구의 모자일까?

첫 번째로 선택한 모자는 녹색 빛깔에 깃털이 달린 귀여운 모자였어.

'딱 한 번의 질문만 할 수 있다고 했지. 그러니까 꼼꼼히 살펴보고, 깊이 생각한 다음에 모자의 정체를 밝힐 수 있는 정말 중요한 질문 하나를 찾아야 해. 깃털이 있는 것을 보면 이 모자의 주인이 하늘을 날 수 있다는 뜻이 아닐까? 크기로 봐서는 아이인 것 같아.'

흐음읍~. 앨리스는 모자에 밴 향기를 맡았어. 풀꽃 향기와 시원하고 달콤한 바람 향이 나. 대체 여기가 어딜까? 어디선가 까르르~ 아이들의 웃음소리도 들리는 것 같았어.

"그래, 그 질문이야! 녹색 모자야, 네 주인이 살고 있는 곳은 어디니?"

"네버랜드!"

"아하, 내 생각이 맞았어. 이 모자는 영원히 어른이 되지 않는다는 나라 네버랜드에 사는 '피터 팬'의 모자야."

그러고 보니 이 모자는 피터 팬의 것이 분명해. 영원히 어른이 되지 않고 아이들과 함께 네버랜드에서 살고 있는 피터 팬. 비눗방울처럼 가볍게 하늘을 날면서 아이들에게 꿈과 용기를 주는 그에게 꼭 맞는 빛깔은 바로 초록색일 테니까.

날개 달린 모자와 날개 달린 신발의 주인공은?

앨리스는 다음 모자 속으로 들어갔어. 모자 양쪽에 날개가 달린 모자였지. 피터 팬 모자와는 많이 다른 날개야. 깃털이 아니라 온전한 한 쌍의 날개가 달렸어. 게다가 피터 팬 모자보다 크기도 커. 이 모자 주인은 어른인가 봐.

'그래, 자꾸 머리로만 생각하려 하지 말고 마음을 열어 보자. 그럼 새로운 생각들이 날 찾아올 거야. 좋은 질문을 발견할 수 있을 거야.'

앨리스는 모자 장수의 노랫말을 계속 떠올렸지.

'모자는 생각을 만들고, 생각은 행동을 만드네.'

날개 달린 모자를 쓰면 어떤 행동을 할까? 순간 '반짝' 하고 질문이 찾아왔어.

"달개 달린 모자야, 네 주인이 하는 일은 무엇이니?"

"네. 말씀드리죠. 나의 주인은 신들의 전령사입니다."

"전령사? 아, 명령을 전달하는 일을 하는구나. 신의 전령사라 했으니 신의 명령을 전할 거고. 그렇다면 이 모자의 주인은 바로…… 헤르메스다!"

헤르메스는 날개 달린 모자를 쓰고 다른 신들에게 제우스의 명령을 전달하러 다녔어. 날개 달린 신발도 신고 다녔지. 날개 달린 모자에 날개 달린 신발이라, 완전 초고속 심부름꾼이네.

빨간 망토 모자에 붙은 털은 누구의 털일까?

앨리스는 이번에는 붉은 사과 같은 빨간 모자 속으로 들어갔어. 빨간 모자는 좀 특이하게 생겼어. 망토에 달린 모자였지. 가만 보니 어린아이에게 맞는 크기야. 붉은 빛깔이니 소년보다는 소녀가 썼을 가능성이 높아 보여. 이 모자는 누가 썼을까? 붉디붉은 색이 자꾸 앨리스의 심장을 뛰게 만들었어. 근데 이 두근거림은 기분이 설렐 때가 아니라 뭔가 불안할 때 드는 두근거림 같았어. 대체 이 붉은 모자를 쓴 소녀에게는 무슨 일이 생겼던 것일까?

잠깐, 탐정처럼 망토를 살펴보던 앨리스가 뭔가를 발견했어.

"이건 털이잖아! 붉은 모자야, 이건 무슨 털이니?"

"늑…… 늑대 털이야."

생각만 해도 무서운 걸까? 대답하는 붉은 모자의 목소리가 막 떨리더라고.

"늑대 털이 묻어 있는 빨간 망토라……. 알았다! 이건 '빨간 모자 소녀'의 모자야. 엄마가 내게 심부름을 시킬 때 들려주셨어. 할머니 댁에 심부름을 가던 빨간 모자 소녀는 숲길을 걸어가면서 엄마의 당부를 잊어버렸지. 엄마가 숲에서 놀지 말고 곧장 할머니께 가라고 했는데 소녀는 그만 숲 속에서 꽃과 새들을 구경하느라 할머니 댁에 늦었어.

숲 속에서 소녀를 만난 늑대는 먼저 할머니 집에 가서 할머니를 잡아먹은 뒤 자기가 할머니인 척하며 침대에 누워 있다가 소녀도 꿀꺽, 삼켜 버렸지. 정말 무서운 이야기였어."

몸이 달팽이만큼 작아졌다가 세 개의 모자 주인을 알아낸 후 위풍당당 돌아온 앨리스는 힘찬 목소리로 자신이 찾은 모자의 주인공들에 대해 알려 줬어.

"근데 아저씨, 궁금한 게 있어요. 아저씨가 노래 부를 때 분명 '모자는 생각을 만들고, 생각은 행동을 만든다.'라고 그랬어요. 그럼 피터 팬 녹색 모자를 쓰면 피터 팬처럼 생각하고 피터 팬처럼 행동하게 될까요? 전 왠지 그럴 것만 같아요. 피터 팬 모자를 쓰면 수영을 하듯 하늘을 날 것 같고, 헤르메스 날개 모자를 쓰면 바람보다 빨리 하늘을 날아서 신들의 비밀을 사람들에게 전해 주고 싶을 것 같아요. 하지만 빨간 모자 소녀의 모자는 안 쓸래요. 세상 구경이 아무리 재미있다 해도 늑대 배 속은 구경하고 싶지 않거든요."

"하하. 곧 앨리스가 정말 곧 앨리스가 되려나 보다. 2단계 질문은 바로 그거야. '모자는 어떻게 사람을 만드는가?'라는 문제의 답은 모자 주인들의 이름을 알아 오는 것으로 끝나는 게 아니란다. 모자가 주인들의 생각을 어떻게 만들었는지를 밝혀내는 것이었어."

앨리스에게 말하는 모자 장수의 목소리가 한껏 들떴어.

'모자는 생각을 만들고, 생각은 행동을 만든다.'라는 말은 바로 이런 거래. '군인 모자를 쓴 아저씨들은 생각하고 행동하는 게 일반 사람들과는 다르지. 군인다운 용감한 생각과 군인다운 씩씩한 행동을 해.

'경찰 모자'를 쓴 아저씨들은 어떨까? 경찰 아저씨들의 머릿속엔 법을 어긴 사람들을 잡을 생각으로 가득 차 있을 거야. 야구 선수들은 야구 모자를 쓰고, 야구 규칙을 생각하며 야구를 하지.

우아한 숙녀 모자를 쓰면 '껄껄껄' 아저씨처럼 호탕하게 웃기보다는 손으로 입을 가리고 숙녀다운 생각으로 '호호호' 숙녀처럼 웃게 되지. 정말 신기하지? 모자에는 정말 생각을 만들고 행동을 만드는 힘이 있구나.

2. 그렇다면 아래의 모자들을 쓰면 어떤 행동을 하고 싶을지 써 볼까요?
① 수영 모자 (   )
② 금빛 왕관 (   )
③ 카우보이모자 (   )
④ 조선 시대 양반 갓 (   )

➜ 정답은 69쪽에 있습니다.

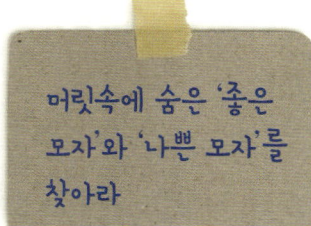

머릿속에 숨은 '좋은 모자'와 '나쁜 모자'를 찾아라

"드디어 수수께끼 마지막 단계야. 앨리스, 힘내!"

3월의 토끼가 앨리스에게 힘을 북돋워 주었어. 그러나 산쥐의 마음은 급했어. 노을이 몰려올 시간이 되었거든.

"얼른 수수께끼를 내. 이제 6시가 되기까지 30분도 채 남지 않았다고!"

♪♪숨어라, 숨어라 모자야. 머릿속에 꼭꼭 숨어라.
숨어라, 숨어라 모자야. 머릿속에 꼭꼭 숨어라.♪

♪찾아라, 찾아라. 내가 쓴 착한 모자, 좋은 모자 찾아라.
벗겨라, 벗겨라 내가 쓴 못된 모자, 나쁜 모자 벗겨라.♪♪

♪두껍아, 두껍아.
못된 모자, 나쁜 모자 줄게, 착한 모자, 좋은 모자 다오.♬

모자 장수가 앨리스에게 준 마지막 수수께끼는 '머릿속에 숨은 좋은 모자와 나쁜 모자는 무엇인가?'였어. 3월의 토끼 눈은 앨리스가 마실 차를 고르느라 연신 눈동자가 데굴데굴거렸어.

마지막 문제는 앨리스도 머리에 쥐가 날 만큼 어렵네. 머릿속에 모자가 숨어 있다는 말이 대체 무슨 뜻인지를 알아야 좋은 모자든 나쁜 모자든 찾을 것 아니야. 하지만 앨리스는 2단계 문제를 푸는 동안 생각이 부쩍 자랐어. 마치 '철학자의 모자'라도 쓴 것처럼 생각은 더 깊어지고 말투도 신중해졌지.

"나, 마지막 문제를 꼭 풀고 싶어. 하지만 실패해도 후회하진 않을 거야. 모자 장수 아저씨 덕분에 많은 걸 알게 되었으니까. 이곳 '엉망진창 티 파티'에 오기 전까진 나한테 모자는 그냥 모자일 뿐이었어. 내 머리에 꽂은 핀처럼 그저 하나의 물건에 불과했지. 근데 평범하기 짝이 없는 모자에도 이토록 많은 비밀이 숨어 있다니! 모자 장수 아저씨가 처음 노래를 부를 때 모자의 눈을 뜨고 세상을 보면 세상이 커다란 모자로 보일 거라고 한 말이 정말인 것 같아."

"앨리스, 어떤 차를 줄까?"

"아니, 아무것도 안 마실래! 내 힘만으로, 나를 믿고 도전해 볼래. 언젠가 본 책에 이런 말이 있었어. '꽃은 열매를 믿는다.' 그땐 몰랐는데 지금은 알 것 같아, 그 말의 의미를!"

꽃이 열매를 믿듯, 앨리스는 자신을 믿기 시작했어. 꽃이 자라 열매가 되지 못한다고 생각했다면 꽃은 꽃으로 태어나지 않으려 했을 거야. 앨리스는 자신이 더 멋진 앨리스가 되리라 믿기에 스스로, 혼자 힘으로 도전하기로 결심했어.

'서두르지 말고 천천히 생각하자. 비록 시간은 10여 분밖에 남지 않았지만 집중을 하면 시간은 더 늘어나지. 시간에 쫓기면 내 마음은 초조해지지만 시간으로부터 자유로우면 난 상상의 날개를 가질 수 있어.'

앨리스는 눈을 감고 천천히 모자를 생각했어. 그리고 모자 장수가 한 말들을 기억했지. 또 자신이 알게 된 모자의 비밀들을 하나하나 떠올렸어.

'머릿속에 숨은 모자는 무엇일까? 내 머릿속에는 어떤 모자가 숨어 있는 걸까? 모자는 생각을 만들고, 생각은 행동을 만들지. 내가 하는 행동은 내가 품고 있는 생각에 영향을 받아. 그렇다면 내 생각들이 바로……!'

짧은 시간이었지만 앨리스는 마치 이곳을 떠나 다른 세상에 다녀온 듯한 기분이 들었어.

'아, 이런 걸 몰입이라고 하는구나.'

"앨리스, 그만 눈을 떠. 6시가 다 되어 가."

산쥐가 다급하게 앨리스의 귀에 대고 소리쳤어. 하지만 앨리스는 천천히 눈을 떴어. 모자 장수와 눈이 마주치자 씩, 웃음이 나왔어. 모자 장수의 얼굴에도 미소가 지어졌어. 마치 두 사람이 특별히 말을 나누지 않았는데도 이미 마음이 통한 것처럼 보였어.

"앨리스, 찾았어? 머릿속에 숨은 모자가 뭐야?"

산쥐가 급히 물었어. 3월의 토끼는 입이 마르는 듯 손에 닿는 아무 차나 마셨지.

"알고 보니…… 쓰는 것만 모자가 아니라 우리 머릿속에 들어 있는 모든 생각들이 바로 모자였어. 군인 모자를 쓰면 군인처럼 행동하듯이, 우리는 우리가 생각한 대로 행동하잖아. 알고 있는 지식대로 행동하는 건 '지식의 모자'를 썼기 때문이고, 관습대로 행동하는 건 '관습의 모자'를 쓰고 있기 때문이지.

횡단보도 앞에 서면 우린 '규칙의 모자'를 써. 그래서 녹색 불일 때 건너고 빨간불일 때는 멈춰 서는 거야. 사람들이 '규칙의 모자', '제도의 모자'를 쓰고 있기 때문에 이 세상은 비교적 안전한 거야.

또 '종교의 모자', '철학의 모자', '신념의 모자'도 있어. 사람들은 모두 자신들이 옳고 선하다고 믿는 걸 실천하며 살고 있으니까."

"그렇다면 좋은 모자는 뭐고, 나쁜 모자는 뭐야?"

3월의 토끼가 물었지.

"응. 지식, 습관, 규칙, 제도, 종교, 철학의 모자…… 등 머릿속에는 수많은 모자들이 있어. 하지만 모두 좋은 모자는 아니야. 나쁜 관습은 나쁜 모자인 거지. 옛날 사람들은 계급이라는 나쁜 관습의 모자를 쓰고 있었어. 오늘날엔 인간은 모두가 평등하다는 민주주의라는 좋은 제도의 모자를 쓰고 있고. 그러니까 자기 머릿속에 있는 모자가 좋은 모자인지 나쁜 모자인지 잘 구별해야겠지?"

"축하한다, 앨리스. 너는 이제 진짜 앨리스가 되었단다!"

모자 장수가 자신이 쓰고 있던 모자를 벗어 마치 빛나는 왕관을 주듯 앨리스의 머리에 씌워 주었어.

댕~ 댕~ 댕~.

그때 어디선가 종소리가 크게 들려왔어.

"앗, 6시다!"

산쥐와 3월의 토끼가 동시에 외쳤어. 6시가 되면 무슨 일이 벌어지는 걸까?

놀라지 마. 뒷이야기는 간단히 들려줄게. 오후 6시를 알리는 마지막 여섯 번째 종이 울릴 때였어. 그 순간 갑자기 하늘에 붉은 노을이 엄청 몰려왔어. 그렇게 붉게 타는 노을은 난생처음이었지. 하늘을 뒤덮은 노을은 후두두둑, 소리를 내면서 조각이 나 땅에 떨어져 찻잔 속에 담겼지. 그러자 산쥐와 3월의 토끼 그리고 모자 장수가 붉은 노을이 가득 담긴 차들을 마시기 시작했어. 한 잔, 또 한 잔, 또 한 잔.

　얼마나 마셨을까? 앨리스는 자기 눈앞에 펼쳐지는 모습에 그만 입을 쩍 벌리고 아무 말도 하지 못했어. 자신의 손가락을 깨물던 산쥐가 사라지고, 각종 차를 건네주던 3월의 토끼가 사라지고, 붉은 머리에 찌그러진 모자를 쓴 모자 장수가 사라졌어. 대신 너무나 아름다운 공주와 너무나 잘생긴 왕자와 빛나는 왕관을 머리에 쓴 멋진 왕이 앨리스 앞에 나타났지. 머리카락이 붉은 왕이 앨리스를 보면서 모자 장수처럼 씩, 웃었어.

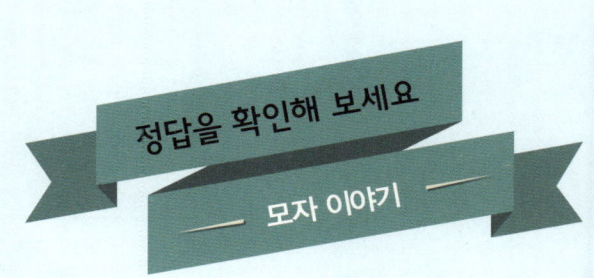

정답을 확인해 보세요
모자 이야기

1. ① 뭉게구름　　③ 나무 그늘
2. ① 물속에서 수영을 하고 싶다. ② 왕처럼 점잖은 행동을 한다. ③ 말을 타고 사막을 달리고 싶다. ④ 헛기침을 하며 "이리 오너라~" 같은 양반 행동을 하고 싶어진다.

신발 이야기

'외짝 신발의 사나이'는 잃어버린 신발을 찾을 수 있을까?

🍎 이아손, 출생의 비밀을 듣다

이아손은 방금 자신을 키워 준 케이론으로부터 출생의 비밀을 들었어. 비밀을 알아 버린 이아손의 가슴에는 뜨거운 분노의 불덩이가 치솟았어. 그동안 자신이 왜 부모님도 없이 이 깊은 산속에서 상반신은 사람이고 하반신은 말인 케이론과 함께 외롭게 살아야 했는지를 들은 거야. 이아손의 두 눈은 한 사람에 대한 복수의 다짐으로 이글거렸지. 이아손을 슬픈 운명으로 만든 복수의 대상은 누구일까?

이름도 비슷한 이아손의 아버지 아이손은 이올코스의 왕이었어. 한데 그의 배다른 동생인 펠리아스가 형의 자리를 탐내어 무자비하게 빼앗았지. 아이손은 갓 낳은 아들을 품에 안고 가까스로 도망친 뒤 케이론에게 맡겼어. 반은 사람이고 반은 짐승인 켄타우로스 중에서 케이론이 가장 뛰어난 존재였기 때문이야.

이아손은 케이론에게서 싸우는 법, 예술, 의학 등 많은 것을 배웠어. 여태껏 자신이 왜 그런 것들을 배워야 하는지 모르다가 오늘에야 그 이유를 알게 된 거야. 자신에게는 꼭 해야 할 일이 있다는 것. 그것은 자신의 운명을 찾는 일이고, 자신이

누구인지를 증명하는 일이라는 걸 깨달았지. 근데 너무 비극적이잖아? 동생은 형을 죽이려 했고, 이제 그 형의 아들인 조카가 삼촌을 죽여야 한다는 것이 말이야. 참 고약한 운명이 아닐 수 없어.

자신이 누구였는지를 밝히고 증명하기 위해 이아손은 곧장 나쁜 삼촌이 있는 이올코스로 떠났지. 근데 가는 길에 비가 엄청 와서 강물이 퉁퉁 불어났지 뭐야. 하지만 아무리 바다처럼 변한 강물이라도 복수의 마음을 품은 이아손의 앞길을 막을 순 없었어. 이아손이 강물 속으로 막 뛰어들려고 하는 순간.

"이보게, 젊은이! 나도 강을 건널 수 있게 해 주겠나?"

이아손의 발걸음을 멈추게 하는 다급한 목소리가 들렸어. 고개를 돌리자, 허리가 90도로 꺾인 꼬부랑 할머니가 보였어. 갈 길이 바쁜 이아손은 할머니의 부탁을 들어주고 싶지 않았어. 비 때문에 강물이 불어나고 물살이 빨라져서 자기 혼자 건너기도 위험해 보였거든. 하지만 이런 위험한 강을 건너려고 하는 걸 보니 할머니에게도 자기만큼이나 급한 일이 있을 거라는 생각이 들자 외면할 수가 없었어.

"할머니, 제 등에 업히세요. 그리고 제 목을 꼭 붙잡으셔야 해요. 안 그러면 이 거센 물살이 할머니와 저를 한입에 삼켜 버리고 말 거예요."

그러나 뼈만 앙상한 할머니여서 가벼울 거란 생각은 이아손의 착각이었어.

'어라, 마치 쇳덩이를 등에 업은 것 같아. 엄청 무겁네. 진짜 할머

니 맞아?'

하지만 할머니를 다시 바닥에 내려놓을 순 없었어. 뱀이 칭칭 감아 놓은 것처럼 할머니가 절대 떨어지지 않겠다는 듯 이아손의 목을 힘껏 붙잡고 있었거든.

강은 이아손이 생각한 것보다 더 위험했어. 불어난 진흙탕 물은 이미 이아손의 목을 타고 올라와 입속에까지 넘실거렸지.

"에구머니~ 이러다가 우리 둘 다 죽을 것 같아. 사람 살려~!"

할머니의 비명 소리에 이아손의 다리가 휘청거렸어. 이아손을 괴롭히는 건 더러운 진흙탕 물이 아니라 쇳덩이보다 더 무거운 할머니였지. 어찌나 몸을 흔들어 대는지 이아손의 몸에는 강물 속에서도 진땀이 주르륵주르륵~ 주르륵 흘러내리는 것만 같았어.

"어, 어…… 내 신발이……!"

할머니가 등 뒤에서 얼마나 요동을 치는지 이아손은 거친 물살에 균형을 잡으려고 버티다가 그만 신발 한 짝을 놓치고 말았어. 하지만 신발을 잡으려고 손을 뻗을 수가 없었지. 그랬다간 할머니가 강물에 풍덩, 빠질 판이었거든. 흘러가는 신발 한 짝을 속수무책 바라볼 수밖에 없었어. 결국 그는 신발 한 짝을 잃어버린 '외짝 신발의 사나이'가 돼 버렸지.

성난 강물은 이아손의 신발 한 짝을 가져간 다음에야 그와 할머니를 풀어 줬지. '외짝 신발의 사나이'가 된 이아손은 불현듯 자기 신세가 신발 한 짝을 잃어버린 꼴과 똑같구나 하는 생각이 들었어.

'여태껏 내가 누군지도 모르고 살았으니 신발 한 짝만 신고 산 것과 똑같아! 그래, 아무것도 모르고 산 지난날은 이 강물에 흘려보내자. 이제부터 진짜 내 신발을 찾으러 가는 거야!'

이아손은 문득 쇳덩이처럼 무겁던 자신의 등이 마치 새 깃털처럼 가벼워진 걸 느꼈어. 무슨 일인지 의아해하며 고개를 돌린 이아손은 그만 깜짝 놀랐어. 꼬부랑 할머니는 온데간데없고 몸에서 금빛 광채를 뿜어내는 웬 아름다운 여인이 있는 거야.

"보라, 이아손아! 나는 올림포스 최고의 여신 헤라이다. 그대가 이올코스의 새로운 주인이 될 만한 자격이 있는지 내가 직접 시험했노라. '새 술은 새 부대에 담으라.'는 말처럼 그대의 헌 신발은 저 강물이 삼켰으니 이제 새 신발을 찾아 떠나거라. 그대에게 헤라의 축복이 있을 것이다."

헤라는 이렇게 말하고 이아손을 향해 빙그레 미소를 짓더니 연기처럼 사라졌어.

"그래, 내 새 신발을 찾는 거야!"

헤라 여신의 축복을 받은 이아손은 마음의 신발을 신은 것처럼 든든했어.

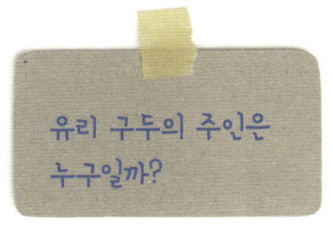
유리 구두의 주인은 누구일까?

강을 건너자 곧 마을이 나왔어. 근데 무슨 일인지 마을 사람들이 어느 집 앞에 모여서 웅성거리고 있었어. 이아손은 사람들을 헤치고 다가가 그 집에서 무슨 일이 일어나고 있는지를 알아봤어. 혹시 저곳에 자신의 새 신발이 있는 걸까? 하고 말이야.

"아닙니다. 당신은 이 신발의 주인이 아닙니다."

"아니라니요? 제게 꼭 맞는 신발이라고요! 내가 잃어버린 신발이라니까요!"

한 여자가 자기 발보다 큰 신발을 신고 자기 신발이라면서 우기고 있었어. 그런데 이번엔 다른 여자가 나타나더니 자기 신발이라고 우기면서 신발을 낚아채 발을 집어넣었지. 근데 낑낑거리면서 아무리 발을 쑤셔 넣어도 그 신발엔 턱없이 큰 왕발이었어. 그런데도 그 여자는 자기 발에 꼭 맞는다면서 자기가 잃어버린 신발이라고 우겼어. 신발이 여자의 발에 맞지 않자 여기저기서 너도나도 자기 신발이라고 우기면서 서로 신겠다고 난리 법석들이야.

'대체 무슨 신발이길래 사람들이 서로 자기가 잃어버린 신발이라고 난리를 치는 걸까? 혹시 내가 찾는 새 신발일까?'

호기심이 잔뜩 생긴 이아손은 좀 더 다가가 신발을 구경하려고 했어.

"나도 한번 신어 보겠소!"

이아손은 사람들 사이를 헤치면서 신발 주인을 찾고 있는 남자 앞으로 성큼 걸어 나갔지. 그러나 남자는 이아손을 보더니 고개만 갸우뚱거릴 뿐 신발을 내줄 생각이 없어 보였어. 그러자 이아손은 냉큼 신발을 뺏어 들고 신발에 맨발을 집어넣었어.

"아이고, 내 발가락 다섯 개도 채 안 들어가잖아!"

이아손이 왕발을 들이대자 신발은 인형 신발처럼 작아 보였어.

그 모습을 보고 사람들이 '꺄르르' 웃었지. 영문을 몰라 어리둥절해하는 이아손에게 남자가 말했어.

"이보시오. 이건 여성의 구두라오. 난 지금 며칠 전 밤, 궁전 파티에 와서 왕자님과 함께 춤을 추다가 사라진 이 구두의 주인을 찾고 있는 중이니 사내들은 냉큼 저쪽으로 물러나시오!"

이게 웬 망신이람. 이아손은 멋쩍어 하며 한쪽 귀퉁이로 슬그머니 물러났지. 그러고 보니 신발은 멀리서도 반짝반짝 빛이 나는 유리 구두였어.

'저런 멋진 신발을 신는 사람이라면 분명 공주만큼이나 신분이 높은 여인일 거야.'

이아손은 저 깜찍한 구두에 들어갈 만큼 작은 발을 가진 여인이 누굴까 정말 궁금해졌어. 어여쁜 구두만큼 아름다운 여인일 거란 생각을 했지.

벌써 100명이 넘는 여인들이 유리 구두에 발을 넣어 봤지만 번번이 실패야. 하지만 왕자님이 찾는다는 말에 여인들은 어떻게든 구두 속에 발을 집어넣으려고 야단들이었어. 왕자의 신부가 될 기회는 인생에 한 번 찾아올까 말까 하니까 말이야.

그중에서도 특히 지독하게 유리 구두에 집착하는 여인이 있었어. 이 집의 주인인데 못생긴 두 딸의 커다란 발을 잘라서라도 구두 속에 발을 집어넣고 싶어 했지. 둘째 딸의 발이 가까스로 유리 구두 속에 들어갔지만 피가 나는 발로는 한 발짝도 뗄 수가 없자, 신발을 가지고 온 남자는 얼른 신발을 벗겨 버렸어.

"휴~ 이 마을의 마지막 집이었는데, 이 집에도 신발 주인은 없구나. 해가 지기 전에 얼른 다른 마을로 옮겨야겠어."

남자가 유리 구두를 다시 상자 속에 집어넣고 막 길을 떠나려던 참이었어.

"잠깐만요. 제가 한번 신어 봐도 될까요?"

아름다운 목소리에 남자는 뒤를 돌아봤어. 그곳엔 비록 옷차림은 남루했지만 빛나는 외모를 가진 소녀가 서 있었지.

'아니, 이런 시골 마을에 이토록 아름다운 여인이 있었다니!'

남자의 눈이 한순간 반짝였어.

"안 돼, 넌 이 구두를 신을 자격이 없어. 냉큼 부엌으로 가서 일이나 해! 이 아이는 우리 집 하녀예요. 그러니 이 구두를 신을 자격이 없어요!"

이 집 여주인이 소리쳤어. 그러나 남자는 왕자가 한 사람의 여인도 빠뜨리지 말라고 신겨 보라고 명령했다면서 정중히 무릎 꿇고 소녀에게 구두를 신겨 줬지.

"와~!"

사람들의 입에서 탄성이 쏟아졌어. 마치 발과 신발이 한 세트인 양 소녀의 발에 꼭 맞았지. 누가 봐도 구두의 주인은 이 소녀였어.

"왕자님이 찾던 여인이 바로 당신이었군요! 그날 밤 12시 종이 울리자 부리나케 파티장을 빠져나가느라 이 신발을 두고 사라져 버린 사람이 당신이었어요.

 이름도 모르는 당신을 찾을 방법은 오로지 신발 주인을 찾는 길밖에 없었지요. 지금 보니 이 작고 가냘픈 유리 구두는 영락없이 당신을 닮았네요. 자 자, 서둘러 궁궐로 갑시다. 그날 이후 왕자님은 자지도 먹지도 못하고 이 신발 주인만 애타게 기다리고 있답니다."

 비록 자신들의 신발은 아니었지만 사람들은 모두 기뻐해 줬어. 소녀가 드디어 못된 계모로부터 자유를 찾았다고 하더군. 무슨 영문인지 몰라 궁금해하는 이아손에게 마을 사람들은 소녀의 이야기를 들려줬어.

 집주인 여인은 사실 소녀의 계모인데, 집은 물론 전 재산을 가로채고 자신의 두 딸만 예뻐하면서 소녀를 하녀처럼 부려 먹었대. 왕자의 신부를 고르는 파티장에도 안 데려가려고 온갖 궂은일을 다 시켰는데 요정이 와서 도와줬대. 이아손은 비록 자신의 신발은 아니었지만 신발이 제대로 주인을 찾은 걸 보니 덩달아 기분이 좋아졌어. 소녀가 부디 왕자님과 행복하게 살길 바라면서 다시 길을 떠나려 하다가 옆 사람에게 물었어.

 "저 유리 구두처럼 아름다운 소녀의 이름은 뭡니까?"

 "신데렐라요! '재투성이 소녀'라는 뜻이었는데 이제 시커먼 재를 벗고 반짝반짝 빛이 나게 생겼으니 '유리 구두 소녀'라고 불러야겠소. 하하."

 이아손은 신데렐라가 정말 부러웠어. 잃어버린 한 짝의 신발을 찾으면서 어두웠던 인생의 재도 말끔히 사라지고 유리 구두처럼 반짝반짝 빛나는 삶을 되찾았으니 말이야. '내게도 신데렐라의 유리 구두처럼 멋진 새 신발이 나를 기다리고 있으면 좋겠다.'라고 생각하며 이아손은 힘을 냈어.

전 세계에서 전해 내려오는 전래 동화를 보면 주인공이 어려움에 빠져 있을 때 신발을 잃어버렸다 다시 찾는다는 이야기가 참 많아. 신기한 건 모두 하나같이 신데렐라 이야기처럼 잃어버린 신발을 찾는 것과 동시에 잃어버렸던 자신의 인생도 다시 찾는다는 거야.

그러고 보면 신발이란 물건은 여느 물건들과 달리 자기를 나타내는 중요한 사물인 것 같아. 왜 그럴까? 궁금해지네. '외짝 신발 사나이' 이아손의 모험을 계속 따라가 보면 혹 그 비밀을 알게 되지 않을까? 참, 이아손을 따라가기 전에 중요한 문제를 하나 내고 갈게.

1. 우리나라 전래 동화에도 신데렐라처럼 신발을 잃어버렸다가 다시 찾는다는 이야기가 있습니다. 못된 계모와 심술꾸러기 이복 자매 캐릭터도 똑 닮았지요. 물론 신데렐라의 이복 자매는 두 명이고 한국판 신데렐라 동생은 한 명입니다. 착한 언니는 콩처럼 생겼고 못된 이복동생은 팥처럼 생겼다나 뭐라나. 다음 중 한국판 신데렐라 이야기는 무엇일까요?

① 심청전   ② 춘향전
③ 콩쥐 팥쥐   ④ 홍길동전

➡ 정답은 95쪽에 있습니다.

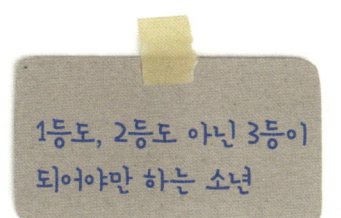

1등도, 2등도 아닌 3등이 되어야만 하는 소년

다시 길을 떠난 이아손이 이제 막 산등성이를 하나 넘으려 할 때였어.

"헉, 헉, 헉!"

금방이라도 숨이 넘어갈 듯 헐떡거리며 사내아이 하나가 이아손의 곁을 지나갔지. 무심히 바라보는데 또 한 아이가 그 뒤를 따라 뛰어갔어.

'무슨 일이지?'

궁금증을 참다못한 이아손은 세 번째로 달리는 아이 곁으로 달려가 함께 뛰면서 물었어.

"얘야, 어디로 뛰어가는 거냐? 이곳에 무슨 일이 벌어진 거냐?"

"우리는 지금 전국 어린이 달리기 대회 중이에요!"

근데 이아손이 보기에 조금 전에 자기를 스쳐 지나가던 첫 번째 아이와 두 번째 아이는 숨넘어갈 듯 최선을 다해 뛰고 있었는데 지금 이아손 곁에서 세 번째로 달리고 있는 꼬마는 온 힘을 쏟고 있는 것 같지 않아 보였어.

"좀 더 빨리 달리렴. 네 실력으로 보아 최선을 다한다면 1등을 할 수 있을 것 같은데?"

"아뇨! 전 1등을 해선 안 돼요. 전 꼭 3등을 해야 한다고요!"

"나 원 참, 1등을 할 수 있는 실력인데 꼭 3등을 해야 한다니. 참 이상한 아이로구나?"

"전 이상한 아이가 아니라 알리예요. 전 이 대회의 1등 상이 아니라 3등 상이 필요해요."

"3등상이 대체 뭐길래? 1등보다 더 좋은 상은 없단다."

"3등이 되어야만 운동화를 받을 수 있거든요. 제겐 여동생 자라에게 줄 운동화가 꼭 필요해요!"

이란 소년 알리가 함께 뛰는 이아손에게 들려준 사연은 이랬어. 알리의 집안은 형편이 어려워 새 물건을 쉽게 살 수가 없대. 그래서 동생 자라의 낡은 구두를 수선집에 맡겼다가 찾아오는 길이었는데 그만 실수로 잃어버린 거야. 자라는 신발 없이 어떻게 학교에 가냐며 엉엉 울었지.

그날 이후 알리는 동생 자라와 자기 신발을 번갈아 신으면서 학교를 다녔대. 오전반인 자라가 오빠의 운동화를 신고 갔다가 수업이 끝나면 번개처럼 달려와 오후반인 오빠 알리에게 신발을 벗어 주면서 남매는 그렇게 매일매일 달리기 시합을 하듯이 뛰고 또 뛰면서 신발을 함께 신었다는 거야. 하지만 지각을 피할 수가 없어 매일 선생님께 혼이 난다는 거야.

근데 어느 날 알리 남매가 잃어버린 자라의 신발을 신고 있는 소녀를 발견하고 그 아이를 따라 그 집을 찾아갔대. 하지만 알리 남매는 차마 신발을 돌려 달라는 말을 하지 못하고 그냥 집으로 되돌아왔다는 거야. 왜냐면 소녀의 집이 알리 집보다 더 가난한 데다 그 소녀의 아빠가 앞을 볼 수 없는 시각 장애인이었거든.

하지만 신발을 되찾을 수 없는 자라는 여전히 슬펐어. 그때 하늘이 알리의 착한 마음을 알고 기회를 준 거야. 전국 어린이 달리기 대회! 그리고 3등 상이 바로 운동화였어. 너무 어려서 참가할 수 없다는 선생님께 간절히 애원해서 얻어 낸 기회야. 알리가 자라의 눈물을 닦아 줄 유일한 기회인 거지.

2등 아이가 힘이 빠진 걸까? 알리가 전속력을 내지 않는데도 어느새 앞서 달리던 2등 아이가 알리의 코앞에서 뛰고 있었어. 알리는 어쩔 줄 몰라 하면서 뒤처지기 위해 자꾸만 속력을 줄였지. 근데 이번엔 4등으로 오는 아이가 알리를 앞지르려고 했어. 알리는 깜짝 놀라 3등 위치를 잃지 않기 위해 다시 속력을 냈지.

1등도 안 되고, 2등도 안 되고, 4등도 안 돼. 알리에게 1등은 3등이 되는 거야. 과연 알리는 3등이 되어 자라의 눈물을 닦아 줄 수 있을까? 이아손은 한 켤레의 운동화에 담긴 이란 소년 소녀의 사연이 무척 감동적이었어. 새삼 신발이 인간에게 무엇보다 중요한 물건이라는 걸 깨달았지.

사람은 신발을 신고 학교에 가고, 신발을 신고 달리기를 하지. 신발은 사람이 원하는 곳까지 데려다 주는 중요한 이동 수단과도 같아. 하지만 알리를 3등으로 만들어 줄 이동 수단은 기차나 자동차가 아닌 것 같아. 잠깐! 그럼 여기서 신발의 비밀에 관한 또 하나의 문제를 풀어 볼까?

2. 신발은 유일하게 인간만이 신는 도구입니다. 인간은 오랜 역사 동안 많은 도구들을 만들면서 살았지요. 맹수처럼 빨리 달리는 네발은 없지만 자동차를 만들었고, 뾰족하고 날카로운 손톱을 대신할 칼이나 가위도 만들었어요. 알고 보면 많은 도구들이 사람의 몸을 확장시킨 결과랍니다. 그렇다면 신발은 사람의 신체 중 어느 부위를 확장시킨 도구일까요?

① 손　　② 머리　　③ 눈　　④ 발

3. 이러한 도구에는 또 무엇이 있을까요? 다음 중 두 개를 고르세요. (나머지 도구들은 신체 중 어느 부위를 확장시킨 것일까요?)

① 장갑　　② 자전거　　③ 전화기
④ 자동차　　⑤ 안경　　⑥ 망치

➜ 정답은 95쪽에 있습니다.

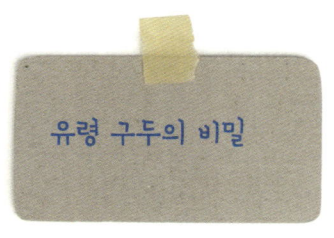

유령 구두의 비밀

이아손은 신발 한 짝만 신고 먼 길을 걸어오느라 발이 무척 아팠어.

'대체 내 신발은 어디에 있단 말인가?'

헤라 여신이 보물찾기라도 하려고 꼭꼭 숨겨 놓은 것일까? 그때 오래된 나무 기둥 아래에 놓아둔 건지, 버린 건지 암튼 구두 한 켤레가 이아손의 눈에 띄었어.

'혹시 저 신발이 내 것일까? 서…… 설마, 저렇게 낡아 빠진 구두가 내 신발일 리 없어!'

가까이서 신발을 본 이아손은 크게 실망했어. 하긴 그럴 만도 해. 누가 버린 신발이 분명해 보일 정도로 형편없이 낡았으니까. 대체 누가 신었는지 낡은 신발은 온통 흙투성이였어. 이아손은 재수 없다는 듯 신발을 툭 발로 차 건드리고 그 자리를 얼른 떠나려 했지. 그때였어.

"이 신발의 비밀을 풀지 못하면 너는 영원히 네 신발을 찾을 수 없을 것이다!"

이아손은 깜짝 놀라 사방을 두리번거렸어. 하지만 사람은 보이지 않고 오로지 신발밖에 없었어.

"서…… 설마, 지금 이 신발이 말을 한 건 아니겠지?"

"왜 아닐까? 너는 나를 통과하지 못하면 네 신발을 찾을 수가 없다. 으하하!"

"으……아악! 유령 신발이닷!"

소문으로만 듣던 유령 신발을 정말 만난 거야. 어디선가 들은 얘기로는, 유령 신발을 만나면 꼭 수수께끼를 풀어야 한다고 했지. 무엇인가를 찾으러 떠난 이들에게 반드시 나타나 수수께끼를 내는데, 그것을 풀어야만 그들이 찾고자 하는 것에 좀 더 가까이 데려다 준다고 했어. 하지만 수수께끼를 풀지 못하면 그들이 찾으려는 걸 영원히 찾지 못하게 방해한다고 했지.

이아손은 가슴이 덜덜 떨렸어. 하지만 유령 신발이 나타난 걸 보니 이제 곧 자기 신발을 찾을 수 있다는 좋은 신호라는 생각이 들자 용기가 불끈 생겼어.

'좋아, 한번 해 보자!'

"사람들은 날 보자마자 유령 신발이라면서 '걸음아, 날 살려라!' 하고 도망을 가지. 하지만 난 그 말이 맘에 안 들어. '걸음아'가 아니라 '신발아, 날 살려라!'라고 하면 더 빠르게 달릴 수 있다고 말해 주고 싶은데 다들 허둥지둥 도망가느라 내 말엔 귀를 안 기울여."

"난 도망가지 않겠소. 내가 풀어야 할 수수께끼를 주시오. 나는 내 신발을 찾아야겠소."

"좋아. 자네 자세가 무척 맘에 드는군. 신발을 찾는 중이라고? 그럼 다른 어떤 것도 아닌 나에 대한 비밀을 찾아야겠군."

유령 신발에 대한 비밀이라고? 이아손은 손에 땀이 나는 듯 옷에 손을 슥슥 문지르며 각오를 다졌지. 유령의 정체를 밝혀내는 일이라, 꽤 흥미롭겠는데?

"나는 이 세상에 존재하는 신발 중에서 가장 철학적인 신발이야. 내 몸은 닳고 닳아 보잘것없어 보이지만 나는 '아무것도 아닌 것'이 아니라 '어떤 것'이지. 그걸 볼 줄 아는 눈이 있다면 말이야!"

"아무것도 아닌 것이 아니라 특별한 어떤 것?"

"그래, 네게 줄 수수께끼는 바로 나를 통해 그 '어떤 것'을 찾는 것이다."

역시 소문대로 쉽지 않은 수수께끼를 내는군. 느닷없이 나타나 대뜸 '신발의 어떤 것'을 내놓으라니. 구겨질 대로 구겨지고, 닳을 대로 닳은 이 낡은 구두에 대체 어떤 것이 담겼다는 말일까? 암만 봐도 고린내 나는 발 냄새만 잔뜩 풍길 것 같은데 말이야. 과연 이아손은 이 유령 신발의 수수께끼를 풀 수 있을까?

 이아손은 고민하던 끝에 자신의 스승이었던 케이론을 떠올렸어. 그는 켄타우로스 중에서 가장 지혜로웠지. 그는 마음속으로 스승에게 도움을 청했어. 그러자 '껍질을 벗겨야 알맹이가 보이는 법이다. 전체를 새롭게 볼 줄 알아야 작은 것에 담긴 우주를 발견할 수 있다.'고 하시던 스승의 말씀이 떠올랐어.

 '내가 지금 보는 저 신발의 껍질이 뭘까? 그걸 벗겨 내야만 저 신발이 가진 알맹이를 볼 수 있을 거야.'

 이아손은 뚫어져라 신발을 봤어. 그냥 보는 게 아니라 머릿속 가득 질문을 담고 신발과 대화를 하듯 관찰했지. 그러자 자신이 이 신발에 대한 '몹쓸 껍질'을 은연중에 가지고 있었다는 걸 발견했어.

 '아⋯⋯!'

 이아손은 자신이 이 신발을 처음 봤을 때 '낡고 쓸모없는 것'이라는 눈으로 신발을 보았다는 사실을 발견했어. 그 생각이 바로 '몹쓸 껍질'이었고, 이 신발이 가진 알맹이를 발견하지 못하게 방해를 한 거야. '몹쓸 껍질'은 유령 신발을 더러운 신발로 만들어 버렸고 당장 멀리 던져 버리고 싶은 신발이 되게 했지.

 '껍질을 벗기고 다시 보자. 이 신발을 신을 만한지 않은지 하는 필요성이 아니라 그냥 바라보자. 한 장의 그림을 감상하듯 신발을 감상하자. 그래, 이제야 제대로 보이는구나!'

 그림을 감상하듯 신발을 보는 순간, 신발에 잔뜩 묻어 있는 흙이 마치 일부러 덧칠한 물감처럼 보였어. 그때부터 신발이 그림처럼 보

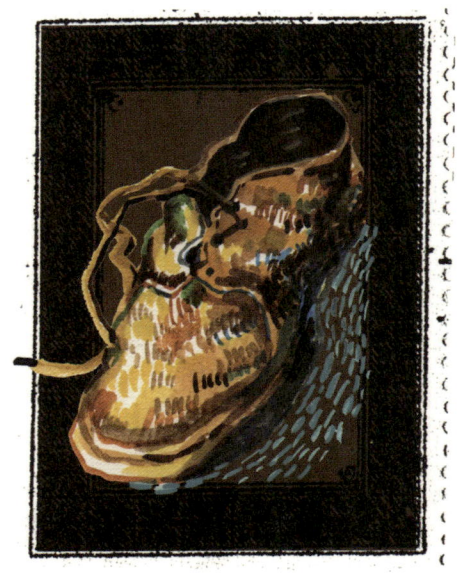
이는 거야. 이아손은 신발을 화가가 그린 그림이라고 생각하자 '화가는 왜 이 신발을 그리고 싶었을까? 이 신발이 가진 특별함이 무엇이길래 그린 것일까? 이 신발의 주인은 누구일까?' 하는 궁금증이 머릿속에 연이어 떠올랐어.

그러자 아까와는 전혀 다른 느낌으로 신발이 보이기 시작했어. 낡은 모습으로만 보이던 신발의 주름들이 마치 한평생 열심히 일하며 살아온 할아버지, 할머니의 주름살처럼 느껴지더니 '이 신발도 반짝거리는 아기로 태어나 구깃구깃해질 때까지 걸으며 한평생 참 열심히 일을 했구나.' 하는 걸 알게 됐어. '유령 신발이 아니라 정말 많은 비밀을 담고 있는 철학자 같은 신발이구나……!' 이아손은 이제 수수께끼에 대한 답을 내놓을 때라고 생각했어.

"낡고 닳은 당신을 처음 보았을 때는 볼품없고 쓸모없어진 '아무 것도 아닌 것'이었어요. 신발의 가치를 쓰임새로만 생각했기 때문이죠. 신발이 인간에게 쓰임새 이상의 가치를 가지고 있다는 건 한 번도 생각해 보지 않았어요.

하지만 그게 아니었어요. '사물의 이면에는 신비한 암호가 있다.'고 하시던 스승님의 말씀이 떠오르면서 문득 '이 신발이 감추고 있는 암호가 무엇일까?' 하는 궁금증이 생겼어요. 그래서 가만히 당신을 들여다보았죠. 그러자 이건 농부의 신발일 거라는 생각이 들었어요. 어두운 신발 속은 아주 오랫동안 고단한 농부의 발에 꼭 맞는 집이었겠죠? 하지만 그리 편안하진 않았을 거예요. 새벽부터 저녁까지 농사를 짓느라 쉴 새 없이 밭고랑을 밟고 다녔을 테지요. 비가 온 다음 날이면 눅눅해진 땅을 힘겹게 밟느라 집에 돌아오면 농부의 발만 아니라 당신도 온몸에 진흙을 잔뜩 묻힌 채 쓰러져 잠이 들었을 겁니다.

하지만 농부는 새벽이면 식구들을 먹여 살리기 위해 무거운 몸을 일으켜 지난밤의 부기가 채 빠지지 않은 발을 또다시 당신에게 맡겼겠지요. 그러고는 다짐하듯 신발 끈을 단단히 묶으며 내뱉는 농부의 혼잣말을 들어주는 유일한 친구가 당신이었을 겁니다.

'그래, 오늘도 하느님이 우리 가족에게 은총을 내려 주실 거야. 힘을 내자, 힘을!'

당신은 아주 오랜 세월 농부의 삶을 함께 살아온 친구이자 증거입니다. 농부의 얼굴에 주름이 깊이 패듯 당신의 몸도 함께 주름이 지고, 닳아 버린 밑창으로 스멀스멀 바람이나 비가 들어왔겠지요.

그래서 당신은 볼품없고 쓸모없어진 '아무것도 아닌 것'이 아니라 ==농부의 가장 친한 친구이자 그의 삶의 증거인 '어떤 것'입니다.==″

이아손이 수수께끼에 대한 대답을 마치자 어디선가 훌쩍훌쩍 우는 소리가 들려왔어. 이아손의 대답에 유령 신발이 완전 감동을 받은 것 같아. 자신이 여태 수많은 수수께끼를 냈지만 지금처럼 이렇게 멋진 대답은 처음이라며 신발의 가치를 제대로 알아줘서 진심으로 기쁘다고 하더군. 유령 신발이 이렇게 소녀 감성이라는 걸 사람들이 알면 뭐라고 할까?

여기서 잠깐, 문제 하나 풀고 갈게~!

4. 신발은 사람이 살아온 흔적이 담겨 있는 사물입니다. 다음 보기에 나와 있는 낱말 중에는 '신발을 신고 다닌 역사'라는 한자 뜻을 가진 낱말이 있습니다. 어느 것일까요?

① 이력서(履歷書)   ② 보증서(保證書)
③ 서약서(誓約書)   ④ 계산서(計算書)

➡ 정답은 95쪽에 있습니다.

이아손의 신발은 무엇일까?

"수수께끼를 풀었으니 자네의 신발이 어디에 있는지 가르쳐 주지. 그 신발은 콜키스 섬의 신비한 숲 속에 있어. 하지만 그 신발을 얻기가 쉽지는 않을 거야. 그 신발은 신발의 형태가 아니며 잠들지 않는 용이 24시간 눈에 불을 켠 채 지키고 있으니까. 그래서 탐내는 자가 무수히 많았으나 아무도 갖질 못했지. 하지만 그건 분명 자네 것이야. 그러니 어떤 어려움이 있더라도 절대 포기하지 말게.

참, 궁에 가서 콜키스의 왕 아이에테스의 딸 메데이아를 만나거든 꼭 그녀의 눈을 보며 윙크를 세 번 하게. 만약 자네의 윙크를 보고 그녀가 웃는다면 자네의 신발을 찾는 데 그녀가 결정적인 도움을 줄 거야. 자, 그럼 행운을 비네! 머지않아 이올코스에 새 왕이 나오겠군!"

유령 신발은 그렇게 알 듯 모를 듯한 말을 남기고 정말 유령처럼 휙 사라졌어. 하지만 이제 곧 신발을 찾게 되리라는 자신감으로 이아손은 아버지와 자신의 원수인 펠리아스를 만나러 이올코스로 향했어.

물론 그 전에 이아손은 자신의 운명의 신발을 손에 넣기 위해 친구들과 함께 콜키스를 향해 용감하게 길을 떠났지. 친구들은 그 이름도 쟁쟁한 헤라클레스, 카스토르, 폴리데우케스, 테세우스, 오르페우스였어. 그리고 유령 신발의 예언대로 콜키스를 다스리는 왕 아이에테스의 딸 메데이아 공주를 만났어. 이아손은 유령 신발의 당부를 잊지 않고 메데이아가 자신을 쳐다보는 순간을 놓치지 않고 깜박, 깜박, 깜박. 세 번의 윙크를 했지.

마음이 조마조마했어. 참 깜박하고 말하지 않은 게 있는데 이아손은 훤칠한 키에 금발 미남이야. 많은 여성들이 그를 보면 눈에서 사랑의 하트가 뿅, 뿅 발사된다지? 메데이아도 미남을 좋아하나 봐. 이아손의 윙크가 싫지 않은 듯 아버지가 보지 않는 틈을 타 얼

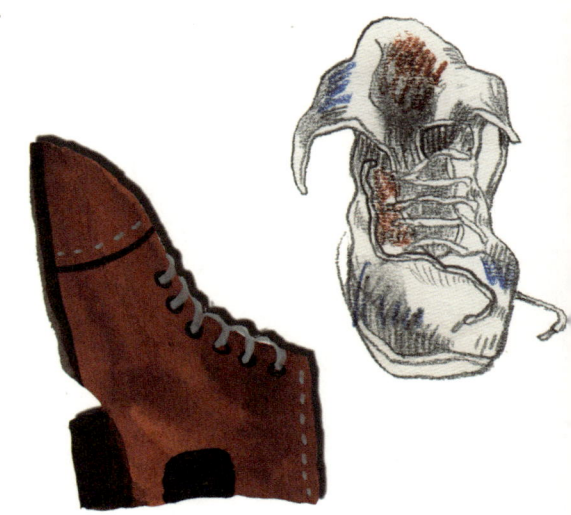

굴 가득 미소로 화답하더니 슬쩍, 이아손에게 뭔가를 건네주고 갔어. 작은 물병과 쪽지였지. 쪽지에는 '어려움이 생기면 이 병에 든 약을 몸에 바르세요. 당신을 위험으로부터 구해 줄 겁니다.'라고 쓰여 있었어.

거대한 용이 지키는 신발은 다름 아닌 황금 양털이었어. 그것을 손에 넣기 위한 싸움은 정말 무시무시했어. 함께 간 다섯 명의 영웅 친구들이 없었다면 아마 불가능했을 거야. 하지만 무엇보다 결정적인 도움이 된 건 바로 메데이아가 준 물병이었어. 용이 내뿜는 불기둥 때문에 숲이 활활 타올라 나무에 걸린 황금 양털 가까이에 도저히 갈 수 없는 상황이었어. 그때 이아손은 병 속에 든 약을 온몸에 발랐어. 그러자 뜨거운 불기운에도 전혀 뜨겁게 느껴지거나 타지도 않는 거야. 천신만고 끝에 드디어 이아손은 황금 양털을 거머쥐었어.

황금 양털을 손에 넣은 이아손은 이올코스로 돌아가는 배를 탔어. 하지만 돌아오는 길도 만만치 않았지. '충돌하는 바위들' 사이에서 죽을 뻔한 고비를 몇 차례 겪은 뒤에야 간신히 빠져나올 수 있었으니까. 이올코스가 눈앞에 보이자 이아손은 안도의 숨을 내쉬며 잠깐 생각에 잠겼어. 그리고 유령 신발이 했던 말을 떠올리며 혼잣말을 했지.

'신발이, 그러나 신발이 아니라던 말의 의미를 이제야 알 것 같아. 이 황금 양털이 바로 내 삶의 흔적이자 훈장인 이력(履歷)이구나. 그리고 신발과 같은 나의 증표야. 이올코스의 새 왕이 될 자격

<mark>을 준 증표! 나는 지금 내 신발을 신고 원래의 내 자리로 돌아가는구나.</mark>

　유리 구두를 되찾고 자신의 인생을 다시 찾은 신데렐라처럼, 콩쥐처럼. 그리고 알리의 3등 상이 내겐 황금 양털이었던 거야. 이 황금 양털을 갖기 위해 나는 저 먼 곳에서 여기 이올코스까지 달려온 게 아닌가! 이 모든 내 삶의 흔적들이 이 황금 양털에 고스란히 담겨 있다. 앞으로 이올코스의 새 왕으로 살아갈 많은 날들을 이 황금 양털과 함께할 것이다!'

　그때였어. 갑자기 바람이 불더니 어디서 날아왔는지 화려한 공작새 한 마리가 뱃머리에 내려앉으며 이아손을 향해 말을 했어. 이아손은 한눈에 그 공작새가 헤라임을 알아봤어. 공작새는 헤라가 변신을 할 때 가장 많이 애용하는 새거든.

　"호호호, 어떠냐? 내가 준 새 신발이 마음에 드느냐? 그 옛날 프릭소스가 황금 양을 타고 하늘을 날았던 것처럼 너 또한 이 황금 양털이 왕으로서의 네 앞길에 날개를 달아 줄 새로운 신발이 될 것이다."

이아손은 공작새로 변한 헤라 여신에게 감사 인사를 했지. 이올코스를 눈앞에 둔 이아손은 가슴이 설렜어. 새로운 왕으로 새 신발을 신고 뚜벅뚜벅 자신의 길을 용감하게 걸으리라 다짐하고 또 다짐했지. 그것이 바로 황금 양털이라는 신발을 신고 걸어가야 하는 자신의 새로운 인생이라고 생각했지.

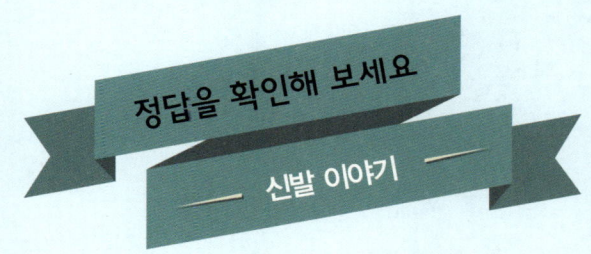

1. ③ 콩쥐 팥쥐
2. ④ 발
3. ② 자전거   ④ 자동차

   ①장갑과 ⑥망치는 손을 확장시킨 도구이고, ③전화기는 귀를,

   ⑤안경은 눈을 확장시킨 도구입니다.
4. ① 이력서(履歷書) / '신발(履)을 신고 다닌(歷) 역사(書)'

🍎 제우스, 모든 신들을 집합시키다

"아니, 도대체 왜 갑자기 모이라는 거지? 누가 나를 오라 가라 하는 거야!"

"쉿! 조용히 해, 디오니소스! 왕이 모두 모이라고 명령했대."

"뭐? 왕이? 그 잘난 체하는 제우스가 모이라고 했단 말이야? 왜?"

"몰라. 신들은 한 명도 빠짐없이 모두 모이라고 했대. 저기 봐. 아폴론도 오고 프로메테우스, 아프로디테도 오고 있잖아."

제우스가 다스리는 올림포스 신전에 신들이 하나둘씩 모여들고 있었어. 사람들이 잠든 새벽, 아무도 모르게 신들의 음모가 시작되고 있었지.

드디어 제우스가 등장하자 열한 명의 신이 모두 일어서서 제우스 앞에 머리를 조아렸어. 술 취한 디오니소스도 제우스 앞에서는 찍 소리 못 하고 고개를 숙였지. 제우스가 자리에 앉자 헤라, 포세이돈, 데메테르, 아폴론, 아르테미스, 아테나, 헤르메스, 디오니소스, 아프로디테, 아레스, 헤파이스토스 등 열한 명의 신은 제우스의 입만 바라보며 침을 삼켰어. 제우스는 엄숙한 표정으로 마치 범인을 찾기라도 하듯 눈에서 빛을 뿜으며 신들을 쏘아보았어. 한참 동안 무거운 침묵이 흐른 뒤에 제우스가 입을 열었어. 도저히 거역할 수 없는, 만약 인간의 귀에 들렸다면 고막이 터져 버릴 것 같은 엄청난 목소리였어.

"나는 오늘 중대한 결심을 하려 한다. 우리 신들이 지배하는 이 세계에 커다란 위기가 닥쳐왔다. 만약 이러한 사태가 계속된다면 우리의 세계는 무너질 것이다. 이건 반역이다. 신들의 세계에 도전하는 자들이 도대체 누구냐? 너희들 중에 분명히 반역을 도와준 이가 있다. 나는 반드시 그를 찾아내어 평생 동안 독수리에게 그자의 간을 쪼아 먹게 할 것이다. 각오하라!"

순간, 신들은 오금이 저렸어. 제우스의 분노가 하늘을 찌를 듯했기 때문이지.

'도대체 지금 무슨 일이 일어난 거지? 제우스를 저토록 분노하게 한 것이 과연 무엇일까?'

신들은 속으로 궁금해서 미칠 것 같았지만 누구 하나 물어볼 수가 없었어.

"디오니소스 너냐?"

제우스가 물었다.

"뭐요? 술 먹은 것이 반역이라고요? 원 세상에! 술 좀 마셨다고 반역이라니. 제우스, 너무 심한 거 아니오?"

"그럼 헤파이스토스 너냐?"

이번에는 다리를 절룩거리며 서 있는 헤파이스토스를 쏘아보며 제우스가 물었어.

"하루 종일 대장간에서 쇳덩이를 두드리다 왔는데 내가 무슨 잘못을 했단 말이오? 그렇게 빙빙 돌리지 말고 확실히 말해 보시오. 확실하게! 생사람, 아니 생신 잡지 말고."

더 이상 궁금함을 참지 못하고 아폴론이 나섰어.

"아니, 그렇게 답답하게 만들지 말고 속 시원히 말해 보십시오. 도대체 무슨 일입니까? 우리 모두를 죄인으로 몰지 말고 무슨 일인지 말해 주어야 대답을 할 게 아닙니까? 갑자기 한밤중에 불러서는 다짜고짜 우리를 죄인 취급하면 어쩌란 말입니까? 명색이 우리도 신들인데 자존심이 있는 것 아닙니까?"

역시 아폴론은 교양 있는 말투로 조곤조곤 따졌어. 다른 신들은 아폴론의 말이 맞다는 듯 머리를 끄덕였고.

"좋다. 이제부터 내가 하는 말을 잘 들어라. 신의 세계 제1계명을 모두 알고 있겠지. 헤르메스, 말해 봐라. 신의 세계 제1계명이 무엇이지?"

"예. '신이 아닌 그 누구도 신의 본 모습, 신의 본 얼굴을 볼 수 없다.'입니다."

"그렇다. 신들의 얼굴은 오직 신만이 볼 수 있다. 신이 아닌 다른 족속들은 결코 신들의 얼굴을 볼 수 없다. 아니, 보지 않아야 한다. 인간들, 동물들, 식물들 같은 미개한 족속들이 신들의 얼굴을 볼 수 있는 능력을 가진다면 세상이 어찌 되겠는가? 우리 신들의 모습은 영원히 비밀에 부쳐야 한다. 누구도 우리를 볼 수 없어야 한다. 그런데, 그런데 이 중요한 계명을 어긴 자들이 생겼다!"

"세상에, 그럴 리가 있습니까? 어떻게, 누가 감히 우리의 얼굴을 본단 말입니까?"

아레스가 대답하듯 따지고 물었어.

"헤르메스! 제2계명을 말해 보라!"

"예. '신이 아닌 그 누구도 자신의 얼굴을 알아서는 안 된다.'입니다."

"그렇다. 신을 제외한 어느 누구도 자신의 얼굴 생김새를 알아볼 수 없어야 한다. 인간들, 동물들 그 누구도 자신의 얼굴을 알아서는 안 된다. 그런데 자신의 얼굴을 알아보는 자들이 생겼다. 이 천인공노할 범죄가 반역이 아니고 무엇이란 말인가?"

"그들이 도대체 누구란 말입니까?"

"바로 인간들이다."

"인간들이? 그 덜떨어진 인간들이? 설마요. 두 발로 뒤뚱거리며 우스꽝스럽게 걸어 다니는 인간들이 그런 일을 벌였단 말입니까? 믿을 수 없습니다. 뭔가 잘못 아신 게 아닌가요?"

포세이돈이 뭔가 억울한 게 있다는 듯이 질문했어.

"네가 지금 나를 바보로 아느냐? 내가 지금 없는 사실을 지어내서 얘기한단 말이냐?"

"아니, 다른 족속도 아닌 인간들이라고 하니까 그렇죠. 인간들은 털도 없이 벌벌 떨면서 겨우겨우 살고 있잖아요. 맨날 호랑이나 사자들한테 쫓겨 다니고, 먹을 것도 못 구해 굶주리면서 살고 있잖아요. 그런 미개한 인간들이 엄청난 죄를 저질렀다니 도저히 믿기지 않아서 그렇죠. 다들 안 그래?"

쿵. 제우스가 자기 키보다 두 배나 긴 지팡이를 찍어 내렸어.

"모두 입을 다물어라! 미개한 인간들이 스스로 이런 죄를 저질렀을 리 없다. 인간들에겐 그런 능력이 없다. 여기 있는 신들 중에 누군가 인간을 도와준 게 분명해. 나는 인간을 도와준 신이 누구인지 반드시 찾아낼 것이다. 분명히 알아 두라.

명령한다. 여기 있는 열한 명의 신은 지금부터 나의 명령에 따르라. 내 명령을 어긴 신은 반역죄를 물어 처단할 것이다. 인간들에게 자신의 얼굴을 알아보게 하는 거울족을 찾아내어 모두 없애라.

얼굴을 알아보게 하는 거울족을 샅샅이 찾아내어 이 세상에서 사라지게 하라. 너희 열한 명의 신이 각각 하나씩 맡아라. 그리고 어느 누구도 자신의 얼굴을 볼 수 없게 하라. 신들의 지배가 무너지는 것을 각오라. 알겠는가? 먼저 거울족들을 모두 없앤 다음, 너희들 중에서 범인을 찾아 벌을 내리겠다. 이것이 나 제우스의 명령이다. 지금 당장 시행하라!"

제우스의 명령이 떨어지자 열한 명의 신은 갈팡질팡했어. 이 엄청난 사태에 어쩔 줄 몰라 하며 당황한 거야. 아! 드디어 신의 지배가 무너지기 시작하는가? 신들만 가지고 있던 능력, 신의 비밀이 하나씩 새어 나가고 있단 말인가? 도대체 누가 배신했단 말인가? 누가 인간들에게, 거울족들에게 신의 비밀을 알려 줬단 말인가? 이게 사실이라면 그야말로 반역이자 배신이고, 신의 세계를 무너뜨리는 음모가 시작되었다는 것을 알리는 신호였지.

"헤르메스, 너는 똑똑하니까 거울족들이 누군지 알겠지? 나한테만 살짝 알려 주면 안 되겠니? 그럼 내가 잊지 않고 보답할게."

거울족이 어떤 존재들인지를 알아내는 것이 모든 신들의 관심사였어. 다른 신들보다 먼저 찾아내 없애 버리면 제우스의 의심으로부터 벗어날 수 있을 거라는 생각을 한 신들은 가장 많은 정보를 알고 있는 헤르메스에게 온갖 아부를 떨어 댔어. 헤르메스는 제우스의 전령사, 그러니까 제우스의 명령을 전달하는 연락책이야. 세상 곳곳을 돌아다니는 헤르메스가 분명 제우스에게 이 사태를 일러바쳤을 거야. 헤르메스는 원래 고자질쟁이니까. 그리고 그가 거울족에 대해 낱낱이 알고 있을 거라고 생각했지.

"헤르메스, 내가 너 좋아하는 거 알지. 내가 너한테 줄 수 있는 건 사랑이야. 여자들이 너를 좋아하도록 해 줄게. 가장 쉬운 거울족을 알려 줘. 어때? 괜찮지?"
"정말? 여자들이 나를 좋아하게 해 준단 말이지. 좋았어. 그래, 너에게만 특별히 알려 줄게. 이리 와 봐."

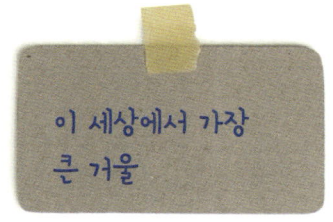
이 세상에서 가장 큰 거울

헤르메스는 아프로디테에게 귓속말로 속삭였어.
"네가 찾아서 없애야 할 거울족의 이름은 '나르키소스'야. 양치기 목동인데 꽤 잘생겼어. 요정들 사이에서는 일명 '꽃미남'으로 불리기도 해. 죽이기 아까운 놈이지만 어쩌겠어. 제우스가 저렇게 길길이 뛰는데. 아프로디테, 너 제우스한테 찍힌 거 알고 있지? 맨날 바람피우는 너를 가만두지 않겠다고 벼르고 있단 말이야. 빨리 나르키소스를 찾아내 이번 기회에 제우스에게 잘 보여 봐. 너, 설마 나르키소스랑 바람피우는 건 아니겠지? 빨리 가서 요정들한테 물어봐. 그럼 그놈이 어디 있는지 금방 알 수 있을 거야. 요정들이 그놈 뒤를 졸졸 따라다닌다고 하니까."

나르키소스가 잘생겼다는 말에 아프로디테는 벌써부터 가슴이 뛰었어.

'아니, 잘생긴 미남이 왜 이런 죄를 저지른 거지?'

아프로디테는 두근거리는 가슴을 진정시킨 뒤 요정들을 불러 모았어.

"얘들아, 너희들 나르키소스가 어디에 있는지 아니? 꽃미남이라고 하던데."

"아니, 아프로디테 님이 왜 나르키소스를 찾아요? 왜요? 유혹하려고요? 쉽지 않을걸요. 우리가 그렇게 한번 만나자고 해도 꿈쩍 않는 사람인데, 아프로디테 님이라고 별수 있겠어요. 그 사람은요, 호수에 미친 사람이라고요. 맨날 호숫가에만 있어요."

"뭐라고? 호숫가에? 왜? 호수에 뭐가 있는데?"

"글쎄요. 일만 끝나면 호숫가로 달려가서는 멍하니 한참 있다가 한숨만 길게 내쉬곤 돌아가요. 마치 뭔가에 홀린 사람처럼 말예요. 이젠 우리도 포기했어요. 도대체 말이 통해야 뭐라도 하지요. 아무

대꾸도 없고 정신 나간 사람 같아요."

아프로디테는 요정들의 말이 채 끝나기도 전에 곧장 나르키소스가 있는 호숫가로 달려갔지.

근데 호숫가는 이미 눈물바다였어. 수백 명의 사람들이 모여서 대성통곡을 하고 있는 거야.

'아니, 도대체 무슨 일이야?'

"저 호수가 사람을 죽였어요."

"뭐라고, 호수가 사람을 죽여? 아니, 그런 말이 어디 있어? 어떻게 호수가 사람을 죽여. 어디서 개구리 하품하는 소리를 하는 거야. 말이 되는 소리를 해야지."

"글쎄, 꽃미남 나르키소스가 호수를 향해 뛰어들었다니까요. 호수가 유혹한 거예요, 호수가 나르키소스를 꼬드겨서 호수에 몸을 던졌단 말이에요."

"날마다 호수를 바라보더니만, 어째 호수를 바라보는 눈빛이 이상하더라니. 마치 마약을 한 사람처럼 호수만 바라보면서 황홀한 표정을 짓더라니까."

"잠깐만요, 여기 뭔가가 있어요. 유서예요, 유서. 호수에 뛰어들기 전에 쓴 건가 봐요."

"어이, 거기 아가씨, 빨리 읽어 봐. 뭐라고 썼는지. 다들 조용히 하고!"

아프로디테가 나르키소스의 유서를 읽기 시작했어.

"나는 보았다, 이 세상에서 가장 아름다운 얼굴을. 세상 그 어디에서도 볼 수 없는 얼굴을 이 호수에서 보고 말았다. 내가 호수를 바라볼 때마다 나타나는 황홀한 얼굴을 보고야 말았다. 호수에 물결이 치면 사라졌다가 잔잔해지면 다시 나타나는 얼굴을 보았다. 호수가 보여 주는 그 얼굴을 결코 잊을 수가 없었다. 나는 호수가 보여 주는 그 얼굴을 사랑하노라. 당신들도 저 호수에 서 보라. 저 거대한 호수가 이 세상에서 가장 아름다운 얼굴을 보여 주리라. 사랑에 빠질 수밖에 없는 모습을 보여 주리라. 나 이제 저 호수가 보여 준 사람과 살기 위해 그에게 가노라. 사람들아, 내가 사라졌다고 슬퍼하지 말기를. 나는 호수가 보여 준 사람을 진정 사랑하기에 그에게 가노라."

순간 아프로디테의 심장이 잠시 멎었어.

'바로 이거야, 제우스가 두려워한 것이. 세상에, 호수에 비친 자기 얼굴에 탄해서 호수로 뛰어들다니! 무서운 일이다. 거울이 살인을 하다니. 호수가 거울이 되어 죽음을 부르다니.'

이 세상에서 가장 큰 거울은 바로 호수 거울이었어. 거대한 호수, 잔잔한 호수에 비친 자신의 모습에 반해 나르키소스는 호수에 뛰어든 거야. 자기 얼굴을 한 번도 본 적이 없던 나르키소스는, 자기를 너무 사랑한 나머지 결국 죽음에 이른 것이었어. 거울이 얼마나 치명적인 범죄를 저지를 수 있는지 보여 주는 사건이었지. 나르키소스는 이제 자신을 사랑하는 사람을 대표하게 되었어. 자신을 너무 사랑해서 다른 사람은 사랑할 수 없는 사람들이 바로 나르키소스의 후계자들이야. 이것은 치명적인 병이지. 이 병은 바로 자신의 얼굴을 보게 되면서 시작돼. 동물들은 자신의 얼굴을 알지 못하기 때문에 그 병에 걸릴 위험이 없지만 인간들은 위험해. 자기 얼굴을 호수의 거울에 비추어 알아보기 시작했으니까. 인간들이 나르키소스 병에 전염되기 시작한 거야.

'빨리 제우스에게 보고해서 조치를 취해야겠어. 이대로 있다가는 세상의 모든 인간들이 호수 거울에 자신의 얼굴을 비춰 보고 모두 죽을지도 몰라. 자기를 사랑하는 병이야말로 가장 치명적인 병이야. 저 호수 거울, 강물 거울을 더 이상 내버려 둬선 안 되겠어. 항상 바람이 불게 해서 호수가 잔잔해지지 않도록 해야겠어.'

아프로디테는 급한 마음으로 제우스에게 보고할 내용을 생각하면서 그 자리를 떴어.

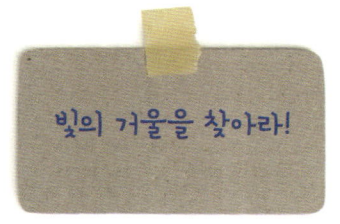
빛의 거울을 찾아라!

헤르메스가 두 번째로 정보를 준 신은 헤파이스토스야.

"헤파이스토스, 이건 네 책임이야. 너는 쇠를 다루잖아. 청동기, 철기를 주무르는 신으로서 감시를 소홀히 한 거야. 인간들 중에 청동기, 철기로 거울을 만드는 자들이 있어. 이들이 청동 거울로 빛을 마음대로 조종한다는 소문이 돌고 있어. 빛은 전적으로 우리 신들만 다룰 수 있는데 어떻게 감히 인간들이 빛을 조종한단 말이야? 이건 중대 범죄야. 빨리 찾아내서 없애 버려."

"아니, 어떻게 쇠로 거울을 만든단 말이야? 나도 만들지 못하는 걸 인간들이 만든다는 거야? 진짜?"

"그래서 제우스가 우리를 의심하는 거야. 우리 신들 중에 분명 배신자가 있어서 인간들에게 청동 거울 만드는 법을 알려 주었다는 거지. 그럼 당연히 쇠를 가장 많이 다루는 네가 가장 의심을 받을 거 아냐. 바보같이 아직도 모르겠어? 네가 의심받고 있다는 것을. 빨리 찾아내 없애지 않으면 네가 위험해질 거야."

"하여간 인간들은 도움이 안 되는 존재들이야. 도대체 어떤 놈들이야. 어딜 가야 그 청동 거울 만드는 놈들을 잡을 수 있는 거야?"

"야, 내가 그것까지 알려 줘야 해? 차라리 나더러 잡으라고 해라. 아이고, 못생겼으면 생각이라도 잘해야지. 불쌍해서 내가 봐준다. 인간들 중에 왕 노릇 하는 놈들이 있어. 근데 그놈들이 왕의 신분증으로 청동 거울, 청동 검, 청동 방울을 가지고 다닌대. 웃기지 않아? 왕의 신분증이 겨우 쇳덩어리로 만든 것들이라니. 근데 그중에서 가장 위험한 것이 바로 청동 거울이야. 인간의 왕들을 모두 소집한 뒤에 한번 살펴봐. 모두 그 무거운 청동 거울, 청동 검, 청동 방울을 치렁치렁 목에 걸고 나타날 거야. 그때 한꺼번에 없애 버리면 되지. 하이고, 결국 다 가르쳐 줬네. 헤파이스토스, 넌 나한테 뭘 해 줄 거니?"

"기다려 봐. 우선 인간의 왕들을 모두 없앤 다음에 네가 원하는 걸 만들어 줄게."

헤파이스토스는 전 세계에 있는 인간의 왕들을 소집했어. 그런데 헤르메스의 말처럼 이 멍청한 왕들은 자신들이 왕이라는 것을 뽐내듯이 그 무거운 청동 거울, 청동 검, 청동 방울을 차고 나타난 거야.

"나는 이 세상에 있는 모든 쇠를 다루는 신 헤파이스토스다. 도대체 너희들은 어디서 누구에게 금속을 다루는 법을 배웠느냐? 나는 너희들에게 그것을 알려 준 적이 없는데. 어서 털어놓아라."

"신이시여, 저희들도 누가 가르쳐 주었는지 모릅니다. 그냥 조상들로부터 전해 내려오는 것을 배웠을 뿐입니다. 그런데 저희 조상들은 이미 죽어서 물어볼 수가 없습니다. 용서해 주십시오. 저희들이 무얼 잘못했는지 알려 주시면 반성하고 고치겠습니다."

'어라, 이놈들도 모르고 있잖아? 그럼 도대체 헤르메스가 말한 죄가 뭐야?'

헤파이스토스는 살짝 당황했어. 그러나 신의 체면에 당황한 모습을 보일 순 없었지.

"그렇다면 좋다. 그 목에 걸고 있는 청동 거울은 무엇에 쓰는 물건이냐? 거기 너, 똘똘해 보이는 네가 한번 시범을 보여 봐라."

"네. 저는 한반도 조선에서 온 단군이라고 합니다. 이 청동 거울은 두 가지 용도로 쓰입니다. 그중 하나는 이렇게 청동 거울로 빛을 반사시켜 저의 부족들에게 빛을 쏘아 보내는 역할을 합니다. 위대한 태양, 신이 보내 주신 빛을 여기저기 보낼 수 있는 사람은 오직 왕인 저만이 할 수 있습니다. 빛을 움직이고 빛을 반사시켜서 하늘의 뜻을 알려 주는 것이 바로 왕의 역할입니다."

"음. 그렇구나. 또 다른 용도는 무엇이냐?"

"예. 청동 거울을 반짝반짝 윤이 나게 문지르면 얼굴을 볼 수 있사옵니다. 자신이 누구인지 들여다볼 수 있습니다. 오직 왕만이 자신의 모습, 자신의 얼굴을 알 수 있습니다. ==자신이 누구인지 알 수 있는 자만이 다른 사람을 지배할 수 있기 때문입니다.== 자신이 누구인지 모르는 자는 영원히 지배를 받아야 합니다."

'음, 헤르메스의 말이 맞았어. 제우스가 위험하다고 말한 까닭을 이제야 알겠군. 이놈들은 벌써 자기들이 신이 된 것처럼 말하고 있지 않은가? 신만이 가져야 할 능력을 어느새 조금씩 갖기 시작했어. 위험해, 위험해. 하루빨리 싹을 잘라야겠어.

근데 어떡하지? 이놈들을 모두 죽여야 한단 말인가? 이 자리에서 모두 죽인다 해도 후손들이 있을 게 아냐? 게다가 이놈들을 죽인다고 없어질까? 또 다른 놈들이 왕이 될 게 아냐? 아예 뿌리를 뽑아야 하는데, 어떻게 하지? 이놈들을 다 죽였는데 또 생기면 제우스한테 더 심하게 당할 거야.'

헤파이스토스는 한참 머리를 굴렸지만 멍청한 머리에서 좋은 생각이 나올 리 없었지.

'그래, 꾀쟁이 헤르메스에게 물어보자.'

"그래, 좋다. 오늘은 이만 물러가거라. 나중에 다시 부를 테니 각자의 나라에 돌아가서 얌전히 기다리고 있어라."

헤파이스토스는 인간의 왕들을 돌려보낸 뒤에 다리를 절룩거리면서 헤르메스를 찾아 나섰어.

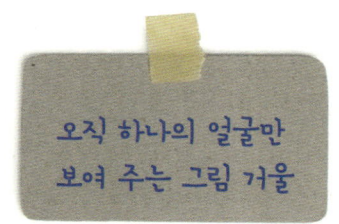

오직 하나의 얼굴만
보여 주는 그림 거울

헤르메스는 벌써 헤파이스토스가 자신을 찾아오리라는 것을 알고 있었어. '그래, 멍청한 녀석이 어떻게 한번에 해결하겠어? 분명 나를 또 찾아오겠지. 헤파이스토스가 귀찮게 하기 전에 하나라도 먼저 해결해야겠어.'

"이봐, 아폴론! 너도 하나 해결해야지. 너도 제우스의 의심을 받고 있다는 걸 알아야 해. 제우스의 자리를 호시탐탐 노린다는 의심을 받고 있잖아. 이번 기회에 너의 충성심을 확실히 보여 줘."

"방정 떨지 말고 거울족에 대한 정보나 줘. 넌 제우스한테 아부나 떨면서 우리를 감시하는 역할만 하잖아. 제우스한테 맨날 고자질이나 하는 주제에."

"너, 지금 나를 비난하는 거야? 네가 지금 그럴 처지가 아닐 텐데. 자꾸 그러면 정보 안 준다."

"그래그래, 알았어. 서로 돕고 살자. 언젠가 나에게도 너를 도와줄 기회가 오겠지. 내게 힘이 생기면 그때 꼭 한 번은 너를 도와줄게. 어때, 됐니?"

"좋아. 네가 담당할 거울족은 조금 특별한 녀석들이야. 이 녀석들은 벽에 거울을 걸어 놓고 절을 해. 조금 이상한 놈들이지. 그리고 이 족속의 거울은 늘 한 가지만 보여 준대. 모습을 붙잡아 놓은 거울인 거지. 인간들은 그 거울을 '그림 거울'이라고 부르고, 늘 한 가지 모습만 보여 주는 거울. 멈춤과 정지를 숭배하는 거울족이래.

원래는 예술의 여신이 담당하기로 되어 있는데, 너도 시와 음악, 예술을 관장하는 신이니까 한번 맡아 봐."

"도대체 무슨 말을 하는지 도통 알아들을 수가 없네. 뭔 그런 거울이 있대? 거울에다 절을 한다고? 정신 나간 것들 아니야? 어디 가면 그놈들을 잡을 수 있지?"

"인간 세상에 내려가 봐. 요즘 인간 세상에 크게 유행이라서 어디서든 흔하게 볼 수 있어. 이미 쫙 퍼져 있어서 다 잡아내기는 조금 힘들 거야. 하지만 방법을 찾아봐. 넌 똑똑하니까 방법을 찾을 수 있을 거야. 헤파이스토스처럼 멍청하게 다시 찾아오지 말고."

아폴론은 똑똑하다는 말에 아무 말도 못 하고 인간 세상으로 내려왔어. 헤르메스의 말은 곧 제우스의 뜻이니까. 제우스는 헤르메스를 통해서만 명령을 내렸거든.

'저 엉큼한 헤르메스가 제우스에게 무슨 말을 보고할지 모른다. 그러니까 우선은 헤르메스가 시키는 대로 하는 척이라도 해야지. 나 참 더러워서.'

아폴론은 심사가 심히 뒤틀렸지만 꾹 눌러 참고 거울족을 찾아 나섰어.

"영감님, 영감님 말씀 좀 물읍시다."

"알고 싶은 게 뭐요?"

"요즘 그림 거울이 유행이라는데, 도대체 그림 거울이라는 게 무엇입니까?"

"당신, 간첩 아니오? 어디서 왔소? 그림 거울을 모르다니? 저기

저 벽에 붙어 있는 게 안 보인단 말요? 눈뜬장님 같으니라고."

노인은 기분 나쁜 표정을 지으며 돌아서 가 버렸어. 체면을 완전히 구긴 아폴론은 순간 화가 났지만, 노인이 가리킨 벽을 쳐다보았지.

"어? 저게 뭐야?"

커다란 벽에는 네모반듯한 액자에 남자가 그려져 있었어. 그리고 지나는 사람들마다 그 그림에 절을 하고 있는 거야. 그림 속 남자는 한결같이 근엄한 표정을 짓고 있었지.

"저 사람이 누군데 절을 하는 거요?"

"아니, 무슨 그런 불경스러운 말을 하는 거요? 진짜 몰라서 묻는 거요?"

"미안하오. 다른 곳에서 와서 잘 모르니 설명 좀 해 주시오. 부탁하오."

"저건 그림 거울이라오. 늘 똑같은 모습을 보여 주는 거울이지요. 저렇게 우리를 보고 계시잖소. 늘 한결같이, 변함없이 우리를 내려다보고 계시오. 그림 거울은 대단한 마법이라오. 모습이 사라지지 않고, 시간이 흘러도 변하지 않고, 늘 한 분의 모습을 보여 주고 있

114

잖소. 그야말로 신의 축복이지요."

"저 그림 속에 있는 남자는 누구요?"

"아, 저분은 바로 우리의 신 아폴론 님이시라오."

"뭐라고? 아폴론!"

아폴론은 너무 놀라서 하마터면 넘어질 뻔했어. 세상에, 저게 나라니.

"아니, 왜 그리 놀라는 거요? 저 아폴론 님의 인자하고 현명하게 생긴 모습을 보시오. 뭔가 가르침을 주시는 것 같지 않소? 나는 하루에 한 번씩 이 아폴론 님에게 와서 절을 하며 소원을 빌고 있다오. 소원은 비밀이오. 다른 사람에게 말하면 들어주지 않는다고 해서, 오직 아폴론 님만 들으시도록 마음속으로 빌고 있소. 당신도 소원을 빌려고 온 것 아니었소?"

그림 거울은 단 하나의 모습만 보여 주고, 사람들은 그림 거울이 보여 주는 모습을 진짜라고 믿었어. '우상'이었지. 주위를 둘러보니 사방에 그림들이 걸려 있었어.

'사람들이 그림 거울을 걸어 놓고 우상 숭배를 하고 있는 거야. 언제부터 신을 그림으로 그리게 된 거지? 게다가 벽에 그린 저 모습이 나라니! 아폴론으로 믿으면서 절을 하고 소원을 빌다니. 세상에 어떻게 이런 일이 생길 수 있을까? 아무리 인간이 미개하다고 하지만, 저걸 진짜라고 믿다니. 정말 위험하구나. 그림 거울은 인간들을 정신 이상, 미친 사람들로 만들고 있어. 제우스의 말처럼 세상에 위기가 닥쳐오고 있구나.'

아폴론은 비로소 제우스의 말에 수긍하며 두려움을 느끼기 시작했지.

사람들이 초상화를 그리기 시작했어. 액자 속에 사람의 얼굴, 사람의 모습을 담은 그림 말이야. 초상화 그림은 정지된 거울이야. 한 사람의 모습만 계속 보여 주는 정지 화면의 거울. 그림 거울은 곧 우상이 되었어. 왕의 초상화, 신들의 초상화 앞에서 사람들은 절을 하고 소원을 빌었어. 어떤 사람들은 감격에 겨워 울기도 했지. 하지만 그림 거울들도 다른 거울처럼 어둠이 찾아오면 아무것도 보여 주지 못했어. 그림 거울들은 마치 피를 빨아 먹고 사는 거머리들처럼 빛을 빨아들이고 있었어. 이제야 거울들의 정체가 서서히 드러나기 시작했어.

'이런 기생충 같은 놈들. 태양의 신 아폴론의 피를 빨아 먹다니. 나의 허락도 없이 빛을 빨아 먹고, 또 내 모습을 보여 주고 있다니. 더구나 저 이상하게 그려진 것이 나 아폴론의 모습이라니. 이런 모욕이 또 어디 있단 말인가?'

아폴론은 몸서리를 쳤어.

'그림이, 그림 거울이 사람들을 현혹하고 있어. 환상에 빠지게 하고 있는 거야. 얼굴을 알 수 없던 우리 신들의 모습을 교묘하게 빛을 이용하여 그려 내고 있어. 신기루를 만들고 있는 거야. 그래, 신기루!'

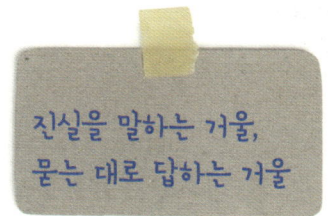

진실을 말하는 거울,
묻는 대로 답하는 거울

그 시각, 헤르메스는 또 다른 신을 만나고 있었어. 바로 제우스의 아내 헤라였어. 제우스는 늘 바람을 피워서 질투심 많은 헤라와 바람 잘 날이 없었지.

"헤라 님, 어제도 제우스 님과 싸우셨죠? 설마 서로 치고받으며 싸운 건 아니겠죠? 제우스 님 이마에 손톱자국이 있던데, 이번엔 또 무슨 잘못을 했길래 그러셨어요?"

"시끄러워, 너도 제우스와 한패잖아. 제우스 바람피우는 거 니가 다 도와주잖아. 내가 모를 줄 알고."

"에이, 헤라 님도 무슨 말씀을 그렇게 하세요. 제가 무슨 힘이 있겠어요. 그저 제우스 님이 시키는 대로 할 뿐이죠. 저도 옆에서 보고 있기가 정말 불편해요. 제우스 님은 여자만 보면 바람피울 궁리를 하고, 저는 헤라 님께 들키면 어쩌나 늘 가슴 졸여야 해요. 이런 제 처지도 좀 생각해 주세요."

"잔소리 말고, 내가 맡아야 할 거울족이나 알려 줘. 벌써 제우스가 나한테 시키라고 했을 거 아냐."

"눈치 하나 빠르시긴. 헤라 님이 맡아서 없애야 할 거울족은요, 말하는 거울족이에요."

"뭐? 거울이 말을 한다고. 거울이 살아 있단 말이야?"

"그것까진 잘 모르겠고요. 하여튼 거울이 뭔가를 알려 주나 봐요. 신들도 인간들이 물어보면 대답을 해 주잖아요. 일종의 '신탁'

같은 거 아닐까요?"

"아니, 그럼 거울들이 사기를 친다는 말이야? 자기들이 신이라고?"

"벌써 흥분하셨네. 진정하시고요. 말하는 거울족은 주로 왕비들을 찾아다니나 봐요. 그러니까 왕비를 찾으면 그 거울족은 금방 잡을 수 있을 거예요. 제가 가장 쉬운 거울족을 헤라 님께 넘기는 걸 알아주세요. 나중에 한턱 쏘셔야 돼요. 약속하시는 거죠?"

"느낌에는 별로 쉽지 않을 거 같은데. 알았어. 일단 그들을 찾아서 처리한 다음에 보자."

헤라는 그길로 인간 세상에 내려와 한 왕궁에 숨어들었어. 물론 자신의 모습을 감추기 위해 나비로 변장하고 왕비의 침실로 살며시 날아 들어갔지. 마침 왕비가 잠에서 깨어나 아침을 맞고 있었어.

'맨얼굴인데 예쁘장하게 생겼네. 주름도 별로 없고. 좋은 화장품을 쓰나 보지? 나이는 좀 먹었나? 젊진 않군. 몸매도 날씬하고. 그건 그렇고 거울족은 어디에 있는 거야?'

그런데 왕비는 일어나자마자 이상한 행동을 했어. 무엇인가를 바라보며 혼잣말을 하는 거야.

"거울아, 거울아, 이 세상에서 누가 제일 예쁘지?"

그때, 놀라운 일이 벌어졌어. 거울이 말을 하는 거야. 헤라는 숨을 멈추듯 날갯짓을 멈추고 지켜보았지.

"이 세상에서 가장 아름다운 미인은 바로 왕비님이십니다."

왕비는 거울에 나타난 자신의 모습을 보고, 거울이 하는 말을 들으면서 황홀한 표정을 지었어.

"그럼 그렇지. 누가 나를 따라올 수 있겠어. 이 왕국에서 가장 아름다운 미인은 바로 나야. 저 마법의 거울이 말하고 있잖아. 거울이 나의 아름다움을 증명해 주고 있는 거지. 마법의 거울은 거짓말을 하지 않아. 진실만을 말해. 눈으로 보게 만들어 주잖아. 백문이 불여일견이라는 말처럼. 백 번 듣는 것보다 한 번 보는 게 더 낫지. 옳은 말이야. 내가 이 세상에서 가장 예쁘다고 도장을 콱 찍어 주니까."

헤라는 갑자기 궁금해졌어.

'나도 저 거울한테 물어보면 대답을 해 줄까? 신기하네. 과연 저 거울이 진실을, 사실을 말해 주는 걸까? 아니면 자기가 보고 싶은 것만 보여 주는 걸까? 정말 왕비가 최고의 미인일까? 내가 보기엔 별론데.'

헤라는 왕비가 방에서 나가기를 기다렸어. 자신도 거울에게 물어보고 싶었기 때문이지. 그리고 왕비가 방을 나가자마자 헤라는 재빨리 나비 변신을 풀고 본래의 여신 모습으로 돌아왔어.

"거울아! 대답해 보아라. 이 세상에서 가장 아름다운 신은 누구냐?"

질문하고 나서 헤라는 꿀꺽 침을 삼켰어. 모두들 긴장.

"세상에서 가장 아름다운 신은 바로 당신입니다."

거울이 대답하면서 헤라의 모습을 보여 주었어.

'오잉? 정말? 나라고? 이거 완전 좋은 거울이네? 완전 기분 좋아지네. 이 거울 가져가야겠다. 스트레스 푸는 데 끝내주겠는데. 그런데 가만, 생각해 보니 이거 요물이네. 자신의 모습, 생김새를 가장 멋있고 아름답게 보여 주는 거울이라. 인간들에게 자신이 최고라고 믿도록 해 주는 거울. 보고 싶고 듣고 싶은 것만 보여 주고 들려주는 거울. 그래서 자신을 사랑하고 자랑스럽게 만들어 주는 거울. 자신에 대한 환상을 심어 주는 거울. 이거 요물이네, 요물.'

"거울, 너 솔직하게 말해 봐. 만약 거짓말하면 깨 버릴 테니까. 너 정말 진실을 알려 주는 거야 아니면 사람들이 믿고 싶은 것, 바라는 것을 알려 주는 거야? 너 사실은 진실을 모르지? 너 질문하는 사람, 거울 앞에 서서 물어보는 사람이 원하는 걸 보여 주고 말하는 거지? 빨랑 말해 봐."

대답이 없는 걸 보니 거울이 당황하고 있는 것 같았어. 헤라는 마치 거울을 깨 버릴 것처럼 주먹을 높이 쳐들었어.

"제발 저를 깨지 말아 주세요. 헤라 님의 말씀이 맞습니다. 저는 원하는 것, 바라는 걸 보여 줬을 뿐이에요. 사람들은 자신이 바라고 원하는 것을 진실이라고 믿는답니다. 거울에 비친 것을 전부라고 생각하죠. 사실은 자신의 눈으로 보는 것입니다. 아시잖아요, 거울이 그 모습을 보여 주는 것이 아니라 자기 눈에 들어온 자신의 모습을 본다는 것을.

아까 왕비가 이 세상에서 가장 예쁜 사람이 누구인지 물었잖아요? 사실은 백설 공주가 제일 예뻐요. 근데 왕비가 바라는 건 자신이 가장 예쁘다는 말이잖아요. 그래서 그녀가 원하는 대답을 해 준 거죠. 하지만 언젠가는 백설 공주가 세상에서 제일 예쁘다는 진실을 털어놓게 될 거예요. 그때는 계모가 자신이 예쁘다는 말보다 진실을 알기를 더 원할 것이기 때문이죠.

저희 거울족은 신념의 거울, 믿음의 거울로 불리기도 해요. 믿고 싶고 원하는 것을 보여 주기 때문입니다. 어차피 사람들은 자신이 원하는 것만 보려 한답니다. 자신이 알고 있는 것만 보려고 하지요.

사람들의 눈은 이미 사물을 객관적으로 볼 수 있는 능력을 잃어버려서 자신이 알고 있는 것, 원하는 것만 볼 수 있어요. 그래서 아무리 제가 진실을 보여 줘도 인간들의 눈에는 그대로 보이지 않는답니다. 모르는 것, 한 번도 경험하지 않은 것은 볼 수 없어요. 아는 것만큼 보인다는 말도 있잖아요.

그러니까 제 잘못이 아닙니다. 세상은 이미 저와 같은 거울들로 가득합니다. 인간이 눈을 뜬 순간부터 이 세상은 사방이 거울뿐입니다."

"아니, 그게 무슨 말이냐? 인간이 눈을 뜬 순간부터 사방이 거울뿐이라니?"

"신이라면서 그것도 모르시다니, 진짜 신인지 의심스럽네요. 얼마 전에 신들이 저희 거울족을 없애려 하신다는 소문을 들었어요. 정말 어처구니가 없어요. 이게 모두 신들의 책임인데, 자기들이 저지른 일을 저희 거울족에 묻다니 신들에게 항의하고 싶어요. 정말 화도 나고요.

저를 신들 앞에 데려다 주세요. 죽기 전에 신들에게 말이라도 하고 죽게요. 억울해서 견딜 수가 없어요. 멍청한 신들에게 거울족의 진실을 밝힐 수 있도록 해 주세요."

🍎 거울족 대표, 신들 앞에 서다

헤라의 요청을 받아들여 제우스는 신들을 모두 모이게 했어. 거울족을 없애기 전에 그들의 말도 들어 봐야 한다고 헤라가 강력하게 주장했기 때문이야. 거울족의 억울함을 풀어 줘야 한다는 게 헤라의 생각이었거든.

열두 명의 신 앞에 거울 하나가 벌벌 떨고 서 있었어. 자신에게 모든 거울들의 운명이 걸려 있었으니 당연한 일이지. 지금 밖에선

수많은 거울족이 자신을 지켜보고 있었어. 흐느끼며 울고 있는 거울들, '우리는 억울하다. 신들은 반성하라!'는 플래카드를 들고 항의하는 거울들, 그저 하늘을 멍하니 쳐다보며 망연자실한 거울들이 모여 있었지.

거울족 중에서 가장 똑똑하다고 알려진 저 거울의 이름은 '반사'야. 영어로는 'Reflex(리플렉스)'라고 해. '모든 것을 되돌려 보내는', '받은 만큼 꼭 돌려주는'이라는 뜻이지. 반사는 공정한 거울이었어. 모든 것을 되돌려주고, 받은 만큼 꼭 돌려주기 때문에 욕심 없기로 소문이 나서 다른 거울들의 존경을 받았어.

"그럼 지금부터 거울족에 대한 재판을 시작하겠습니다. 존칭은 생략하겠습니다. 거울족 대표인 반사도 출석했습니다. 충분한 의견을 들은 뒤 거울족의 운명을 결정하도록 하겠습니다. 제우스 님께서 함께하신 자리인 만큼 예의를 갖춰 주시기 바랍니다. 그럼 먼저 거울족 대표인 반사에게 발언 기회를 주겠습니다. 반사! 발언하세요."

아무도 시키지 않았지만 헤르메스가 나서서 사회를 보았어. 헤르메스는 먼저 제우스에게 인사한 뒤, 거울족 대표인 반사에게 발언권을 주었어.

"저는 거울족을 대표해서 이 자리에 나온 반사라고 합니다. 제가 이 자리에 나온 것은 너무나 억울하고 분통이 터져서입니다. 제우스 님께서 저희 거울족을 모두 찾아내 없애라고 명령하신 걸로 압니다. 도대체 저희 거울족이 무슨 죄를 지었길래 처벌을 받아야 한

단 말입니까? 이건 신들의 횡포이자 무자비한 폭력입니다. 더구나 신들은 저희 거울족이 어떤 역할을 하는지도 모르면서 무조건 죽이려고 합니다. 한마디로 신들은 멍청합니다. 신들의 멍청함 때문에 저희 거울족은 아무 죄도 없는데 희생당하는 것입니다. 이건 신들의 범죄입니다."

반사는 마치 죽음을 각오한 듯 쩌렁쩌렁한 목소리로 주먹을 불끈 쥐고 신들에게 독설을 쏟아 냈어. 시작부터 신들을 공격한 거지. 반사의 발언을 느긋하게 들으려 하던 신들은 순간 '멘붕'에 빠지고 말았어.

"아니, 저것이. 감히 신들을 공격하고 비판해?"

"뭐라고? 우리가 멍청해? 헤르메스! 더 들어 볼 것도 없다. 당장 저자를 죽여라. 이런 모욕적인 말을 듣고 있을 수 없다."

"어디서 저런 놈을 데려왔어? 누구야, 저놈을 데려온 자가?"

회의장은 신들의 항의로 아수라장이 되었어.

"스톱, 모두 조용히 하세욧! 모두 조용. 반사! 말을 가려서 해야지. 차근차근 조리 있게 감정을 빼고 말해 봐. 다시 한 번 기회를 주겠다. 감정은 빼고 이성적으로 말해 보란 말이야."

"제가 지나쳤다면 용서해 주세요. 감정이 복받쳐 올라와 잠시 흥분했나 봅니다. 다시 기회를 준 헤르메스 님께 감사드립니다.

신들이 멍청하다고 한 것은, 저희 거울족이 신들 때문에 태어났기 때문입니다.

거울족의 임무는 저의 이름처럼 '되돌려 주는 것'입니다. 생각해 보세요. 거울이 무엇입니까? 비춰 주는 것이잖아요. 사람들이 거울 앞에 서면 우리는 그 사람의 모습을 보여 줍니다. 우리가 그 사람의 모습을 만들어 낸 것이 아닙니다. 그 사람의 모습이 빛을 타고 우리에게 오면, 우리 거울들은 다시 빛에 담아 그 사람의 눈으로 돌려 주는 것입니다. 그렇지 않습니까? 저희들이 모습을 보여 주고 비춰 줄 수 있는 것은 순전히 빛 때문입니다. 빛이 없다면 거울족은 아무것도 할 수 없어요. 빛이 없으면 어둠뿐이에요. 깜깜한 어둠 속에서 어떻게 저희 거울들이 모습을 보여 줄 수 있겠습니까? 안 그렇습니까?"

신들의 신음 소리가 들렸어. 거울이 빛 때문에 존재한다는 건 맞는 말이었으니까.

"그렇다면 빛은 누가 만들었습니까? 바로 신들이잖아요. 아폴론 님이 바로 '태양의 신'이 아니십니까? 제우스 님이 빛을 지배하시잖아요. 프로메테우스 님이 인간들에게 불을 선물하지 않았습니까? 불이야말로 어둠을 물리치는 가장 강력한 무기잖아요? 아니, 신들이 빛을 만들어 놓고, 인간들에게 불을 전해 주고 그 책임을 우리 거울족에게 묻는단 말입니까? 이런 경우가 어디 있습니까?"

아무도 대답하지 못했지. 맞는 말이었기 때문이야. 빛을 만들고, 어둠을 물리치는 불을 인간들에게 준 이도 신이었거든.

"어디 그뿐입니까? 인간들에게 볼 수 있는 능력을 준 것도 바로 신이지 않습니까? 인간들에게 '눈의 능력'을 허락한 것도 신들이 아닙니까? 인간들에게 눈이 없다면 거울이 무슨 필요가 있겠어요. 더구나 인간들에게는 눈을 둘씩이나 주었잖아요. 외눈박이 키클롭스에겐 눈을 하나만 주는 바람에 거리도 분간 못 하고 멍청해서 결국 오디세우스의 잔꾀에 빠져 죽고 말았잖아요. 인간을 만든 것으로 알려진 프로메테우스 님! 대체 왜 인간에게 빛을 볼 수 있는 눈을 두 개나 준 겁니까?"

반사가 갑자기 자신에게 질문하자 프로메테우스는 순간 당황하면서 제우스를 쳐다보았어. 그때 제우스는 희미한 미소를 짓고 있었어. 마치 범인을 잡았다는 듯이.

"내가 인간을 만든 것도, 불을 준 것도 맞지만 인간들이 이렇게까지 똑똑해질 줄은 몰랐다. 정말이야. 나는 그냥 인간들이 추위에 벌벌

떠는 모습을 보고 따뜻하게 살라고 불을 주었을 뿐이다. 불쌍해서 말이다. 근데 그 불을 가지고 이렇게 어둠을 물리치고, 다른 동물들을 위협하고, 쇠를 녹여서 청동 거울과 청동 검을 만들 줄은 꿈에도 생각 못했지. 나도 지금 인간들의 그런 능력에 놀라고 있는 중이다."

프로메테우스는 인간에게 불을 준 것이 자기임을 털어놓았어. 제우스가 노린 것이 바로 이것이었을까? 제우스는 인간들에게 불을 준 신이 누구인지 알아내라고 헤르메스에게 은밀히 지시했거든. 그런데 지금, 프로메테우스 스스로 자신이 범인임을 자백하고 있는 거야.

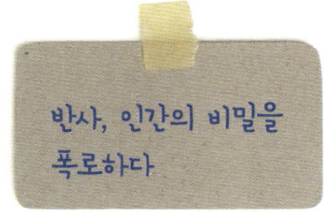
반사, 인간의 비밀을 폭로하다

"신들이시여, 프로메테우스 님의 말이 들리십니까? 인간이 이렇게까지 할 줄은 몰랐다는군요. 당신들이 정말 신이 맞습니까? 이 미천한 거울도 아는 것을 신들이 모른단 말입니까? 그걸 말이라고 합니까? 지금? 이건 음모입니다, 음모라고요!

제가 좀 더 말해 볼까요? 인간들에게 빛과 불을 준 것은 신들의 최대 실수였습니다. 인간들은 지금 신의 지위를 호시탐탐 노리고 있어요. 당신들을 밀어내고 신이 되고 싶어 한단 말입니다. 아니, 벌써 신이 되고 있어요. 그 증거가 무엇이냐고요. 바로…… 이 거울이, 바로…… 내가 그 증거입니다."

다시 한 번 회의장이 술렁거렸어.

'뭐? 인간들이 신이 되려 한다고? 아니, 벌써 신이 되었다고? 그게 무슨 소리야. 두 발로 뒤뚱뒤뚱 걸어 다니는 족속이, 털도 없이 맨살로 덜덜 떨며 동굴 속에 사는 족속이 신이 된다고? 믿을 수가 없네.'

"인간들은 이제 거울을 만들어 자기 얼굴을 볼 수 있는 능력을 가졌어요. 이 세상에서 자기 얼굴을 알고 있는 자들, 자기 얼굴을 볼 수 있는 자들은 인간밖에 없습니다. 신들은 어차피 자신의 얼굴이 하나가 아니니까 예외로 치지요. 신들은 자신의 얼굴과 모습이 수천 수백 개로 변하니까 자신의 얼굴이 무엇인지 말할 수 없지요. 때문에 자신의 얼굴을 모르는 것이나 다를 바 없어요. 그러니 이 세상에서 자신의 얼굴을 아는 자는 오직 인간밖에 없습니다. 자신의 얼굴을 안다는 건 참으로 특별한 능력입니다. 그것이 무엇을 의미하는지 아십니까?

놀라지 마십시오. 자신의 얼굴을 아는 ==인간들에겐 '자아'라는 것이 생겼어요.== 나를 알아볼 수 있기 때문에 다른 사람, 다른 것들, 나 아닌 것들을 나와 구별하는 능력이 생겼답니다. 그야말로 놀라운 능력이지요. 거울 때문에 생긴 능력입니다. 덕분에 인간들은 늘 '나'를 가지고 다닙니다. 어딜 가든 '나', '자기 자신'을 가지고 다니게 되었습니다. 신들이시여! 충격적이지 않습니까? 세상이 놀랄 일이지요. 인간의 몸 안에서 '나'라는 존재가 태어나다니 말입니다. 이 모든 것이 당신들, 신들이 스스로 무덤을 판 결과입니다.

놀라움과 충격은 여기서 그치질 않습니다. 신들이시여! 아직 끝나지 않았습니다. 아프로디테 님이 나르키소스를 만난 걸 알고 있어요. 나르키소스는 호수에 비친 자기 모습을 지나치게 사랑해서 결국 죽고 말았습니다. 인간들은 자기 자신을 너무 사랑해서, 목숨을 바칠 정도로 사랑한 나머지 삶의 목적이 자기 자신을 사랑하는 것이 되어 버렸습니다. 세상에서 자신에게 이익 되는 것, 자신에게 행복한 것만 추구하게 되었지요. 자기 자신을 몰랐다면 어떻게 자신을 사랑할 수 있겠습니까? 호수 거울 덕분에 자신의 모습을 보고 알게 된 것이죠.

또 아폴론 님이 보았듯이 인간들은 거울의 원리를 활용하여 그림을 그렸습니다. 그림 거울을 만든 거죠. 여기저기 자신들이 영원히 보고 싶은 것을 초상화로 그려 걸어 두고 날마다 그것을 봅니다. 그림은, 초상화는 늘 한 가지만 보여 주는 거울입니다. 머잖아 인간들은 움직이는 그림 혹은 활동하는 그림으로 영화나 동영상이라는 것을 만들어 낼 겁니다. 움직이는 거울이지요.

결론으로 말씀드리면 인간들은 빛의 마법을 이용하여 거울을 만들어 냈습니다. 이 점이 중요합니다. 사실 거울은 인간들이 자신들의 눈과 꼭 닮은 눈을 만들어 세상 곳곳에 설치한 것입니다. 무슨 소리냐고요. 인간들이 자기들의 얼굴에 있는 두 눈을 쏙 빼닮은 눈을 만든 거라고요. 저희 거울이 바로 인간들이 만든 눈입니다. 아시겠습니까? 인간들에게 모습과 색깔을 볼 수 있게 해 주는 것은 모두 인간의 눈이 됩니다."

어느덧 신들의 회의장은 거울족 대표인 반사의 연설장이 되고 있었어. 아무도 반사의 말을 막을 수 없을 만큼 반사는 또랑또랑한 목소리로 신들을 압도하고 있었지. 모든 사태의 원인이 신들의 무지와 안일함 때문에 시작되었음을 반사는 조목조목 따진 거야.

"이제 저의 발언을 끝낼 때가 된 것 같습니다. 인간들은 매일 아침 거울을 보면서 자신의 모습을 발견하고 확인합니다. 나르키소스처럼 자신을 사랑하는 능력을 갖게 되어 하루하루를 자신을 위해 살아갑니다. 또 그림 거울처럼 자신의 머릿속에 또 하나의 그림 거울을 만듭니다. 바로 '기억'이라는 거울이죠. 기억은 마치 그림처럼 하나의 장면, 하나의 모습을 영원히 사라지지 않게 붙잡아 그려 두는 것입니다. 이른바 '사유의 거울', '생각의 거울'이지요. 바로 당신들, 신들만 가지고 있던 능력을 인간들은 이미 알아냈습니다.

이제 여기 계시는 신들과 인간들은 똑같아졌습니다. 신들이 인간들보다 뛰어난 게 뭡니까? 한번 말해 보세요. 여기 열두 명의 신이 있습니다. 그러나 인간은 70억 명이나 됩니다. 열두 명의 신과 신이 되어 버린 70억 명. 게임이 되질 않습니다. 그래서 저는 선언합니다. 이제 신의 시대는 끝났다고요. 신들이 인간들에게 패한 것입니다. 그러니 비겁하게 저희 거울족을 괴롭히지 말고, 자신들의 무능함을 힘도 없는 거울족에게 떠넘기지 마세요. 이제 신의 능력을 가진 인간들보다 더 뛰어난 능력을 가진 새로운 신들로 다시 태어나든가 아니면 조용히 당신들만의 세계로 물러나세요."

신들의 완전한 패배였지. 신들은 그 어떤 변명도 할 수 없었어. 어쩌다 이 지경이 된 것인지 아무도 알 수 없었지. 단지 프로메테우스만 하늘을 쳐다보며 눈물을 흘렸어. 인간을 사랑하고 불쌍하게 여긴 자신의 마음을 과연 인간들은 알아줄까. 그날 이후 신들의 모습은 사라졌어. 더 이상 신들이 신으로 살아갈 수 있는 곳은 없었던 거야. 들리는 소문에 의하면, 신들은 어디론가 떠났대. 그런데 그곳이 어디인지는 아무도 모른대.

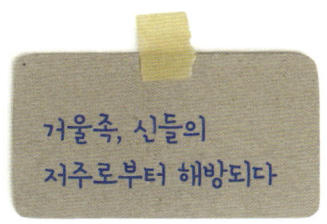

그동안 신들의 저주와 탄압을 피해 이곳저곳에 숨어 지내던 거울족이 하나둘 나타나기 시작했어. 거울족 대표 반사의 활약으로 신들이 물러났다는 소식이 세상에 퍼졌던 거야. 그리고 세상 곳곳에 숨어 있는 거울족을 찾는 벽보가 붙었어. 벽보의 내용은 이랬어.

거울족을 찾는다. 거울이 될 자격이 있는 자들은 모두 복귀하라. 다음의 문제를 풀어 거울이 될 수 있는 자격을 아는 자는 상을 주겠다.

1. 자연에서 거울이 될 자격이 있는 것들을 찾아보세요.

① 고요하고 잔잔한 호수 (   )

② 보름달을 보니 엄마의 얼굴이 떠올랐다. (   )

③ 노랗게 핀 해바라기 꽃을 보니 빈센트 반 고흐가 생각났다. (   )

④ 눈은 산을 보고 있지만 생각은 온통 게임뿐이었다. (   )

⑤ 잘 익은 사과를 보자 백설 공주 이야기가 떠올랐다. (   )

2. 모든 것을 되돌려 주는, 반사하는 거울에는 어떤 것들이 있을까요?

① 내가 한 말을 되돌려 주는, 반사하는 거울은? (　　　)

② 내가 한 동작을 그대로 반사시켜서 똑같이 보여 주는 거울은? (　　　)

③ 내가 한 생각을 똑같이 다시 보여 주는 것은? (　　　)

3. 다음 각각의 항목에 해당되는 거울은 무엇인지 생각해 보세요.

① 거울은 나를 담고 있고 나를 생각하게 하며 나의 모습을 보여 줍니다. 어떤 낱말들이 나를 담고 있으며, 나의 모습을 보여 주고 있을까요?

　(　　　　　　　　　　　)

② 어떤 사람들이 나의 모습을 담고 있을까요? 그 사람을 보거나 생각하면 나의 닮은 점을 발견할 수 있어요. 여러분에게 거울이 되는 사람들은 누구인가요?

　(　　　　　　　　　　　)

③ 사람들이 현재 자신의 모습, 자신의 생각, 자신의 행동을 비춰 보기 위해, 비교해 보기 위해 사용하는 거울은 어떤 것인가요? 맞는 문장에 동그라미 해 보세요.

- 역사는 현재를 비춰 보기 위한 과거의 거울이다. (　　　)
- 일기는 나의 삶을 보여 주는 거울이다. (　　　)
- 나의 꿈과 희망은 나의 미래를 보여 주는 거울이다. (　　　)
- 시험은 내가 열심히 공부한 것을 보여 주는 거울이다. (　　　)
- 나의 말과 글은 나의 생각을 보여 주는 거울이다. (　　　)

➜ 정답은 133쪽에 있습니다.

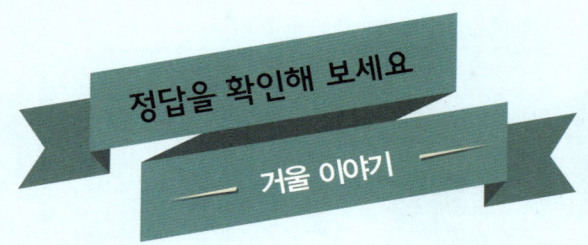

1. ①, ②, ③, ⑤

2.

① 녹음기

② 나의 동작을 찍은 동영상

③ 내가 쓴 글

3.

① 학생, 아들, 딸, 한국인, 사람, 인간, 시청자 등

② 엄마, 아빠, 친구, 형제, 존경하는 사람, 좋아하는 사람 등

③ 5개 전부 다 정답입니다.

옷 이야기

아담과 하와는 왜 옷을 입지 않았을까?

🍎 아담과 하와는 왜 옷을 입게 되었을까?

"이 세상에서 최초로 옷을 입은 사람이 누군지 알고 있니?"

"누굴까? 이 세상에 맨 처음 등장한 인간이 아닐까?"

"최초의 인간은 아담과 하와였는데, 그들은 처음엔 벌거벗고 있었대. 근데 문제는 여기서부터야. 아담과 하와가 하느님의 말씀을 어겨 에덴동산에서 쫓겨났거든. 아무것도 입지 않고 벌거벗은 채로 말이야."

"그럼 천국에 사는 사람들은 모두 벌거벗은 채로 산다는 거야?"

"어쨌든 중요한 것은 아담과 하와가 벌거벗은 채로 쫓겨났고, 그 다음에 옷을 입었다는 거야. 에덴동산에서 쫓겨나 세상으로 나온 뒤에 옷을 입었다는 거지. 그런데 어떤 옷을 입었을까? 왜 옷을 입었을까? 뭔가 비밀의 냄새가 나지 않니?"

"에덴동산에서는 벌거벗고 살다가 쫓겨난 뒤에 옷을 입었다? 옷을 입을 수밖에 없었다? 궁금하네. 지금 사람들은 모두 옷을 입고 있잖아. 뭔가 비밀이 있을 것 같은데."

"여기서 중요한 존재가 등장해. 바로 아담과 하와가 에덴동산에서 쫓겨나는 데 결정적 역할을 했던 존재. 그게 누군지 아니?"

"혹시 뱀? 아담과 하와를 꼬드겨 선악과를 먹게 했다는 그 뱀 말이야?"

"그래, 맞았어. 뱀으로 알려져 있는데 사실은 사탄이었던 거야. 악마 말이야. 이 사탄의 이름은 루시퍼야. 그리고 따지고 보면 아담과 하와가 옷을 입게 된 것은 모두 루시퍼의 공이지."

"아니, 왜? 루시퍼가 옷을 만들어 주었어? 루시퍼는 왜 아담과 하와에게 옷을 입히려고 하는데?"

"궁금하지? 이제, 그 이유를 알아보자고."

아담과 하와, 옷 입기를 거부하다

에덴동산에서 쫓겨나던 날, 아담과 하와는 너무 슬퍼서 펑펑 울고 있었어. 어디로 가야 하지? 마치 집에서 쫓겨난 자식들처럼, 부모를 잃어버린 어린아이들처럼 자기들이 살았던 에덴동산을 계속 바라보면서 혹시 하느님이 다시 불러 주지 않을까 내심 기대하며 주저앉아 있었어. 그들은 여전히 벌거벗은 채로 덜덜 떨면서 한 손으로 자신의 몸을 가리고 있었지.

그때, 자신들에게 선악과(사과)를 먹으라고 꼬드겼던 루시퍼가 다가왔어.

"어이, 아담과 하와. 또 보네. 근데 왜 울고 있어?"

"가까이 오지 마! 우리가 벗고 있는 거 안 보여? 너 때문에 에덴동산에서 쫓겨났잖아. 너, 왜 우리에게 그런 짓을 한 거야? 이 사기꾼아! 네가 우리를 꼬드겼으니 책임져! 이런 몸으로 어떻게 살 수 있겠니? 우린 아무것도 모른단 말이야."

"에이, 그런 섭섭한 말을 하면 안 되지. 나 때문에 너희들은 '생각'이라는 걸 하게 됐잖아. 그 선악과를 먹기 전까지는 너희들이 '생각'이라는 걸 했어? 너희들은 벌거벗고 지내면서도 부끄러움을 몰랐잖아. 지금은 어때? 벌거벗은 것이 부끄러워서 손으로 몸을 가리고 있잖아. 너희들은 이제 부끄러움이 무엇인지 알게 된 거야. '생각'을 하게 된 거지. 한마디로 인간이 된 거야. 그게 다 내 덕분이지. 오히려 고맙다고 해야지.

사실 하느님이 먹지 말라고 한 그 과일은 선과 악, 옳고 그름을 아는 능력을 주는 과일이었어. 하느님만 알 수 있는 선과 악을 이제는 너희들도 알게 된 거야. 그래서 과일 이름이 '선악과'야. 내가 너희들에게 선과 악을 구분할 줄 아는 인간이 되라고 먹게 한 거야. 알겠어? 너희들이 똑똑해진 거지. 하느님은 자기하고 똑같이 똑똑해진 너희들과 함께 살 수 없으니 이젠 에덴동산에서 나가 독립을 하라고 한 거지. 하느님이 너희들에게 자유를 주신 거야."

"뭐라고? 독립? 자유? 선과 악을 구분하는 능력? 생각하는 인간? 도대체 지금 무슨 소릴 하는 거야? 알아듣게 말해 봐, 루시퍼."

"뭐 급할 거 없어. 이제 서서히 알게 될 거야. 너희들이 어떤 능력을 가지게 되었는지를 말이야.

그건 그렇고, 이제 너희들이 처음으로 해야 할 일은 바로 옷을 입는 거야. 그렇게 벌거벗은 몸으로 살 순 없잖아. 부끄러워서 어떻게 벌거벗고 다닐래? 저길 봐. 벌써 여기저기서 너희들을 보며 킥킥거리고 있잖아. 모두 옷을 입고 있는데 너희들만 벌거벗고 있으니까. 너희들이 인간으로서 맨 처음 할 일은 바로 너희들에게 맞는 옷을 찾아 입는 거야."

"뭐라고? 옷을 입으라고? 또다시 너의 꾐에 넘어가지 않을 거야! 하느님을 두 번 배신할 순 없어!"

"아니, 왜 옷 입는 게 하느님을 배신하는 거야?"

"하느님과 함께 살 때는 옷을 입지 않고 살았잖아. 그러니까 옷을 입는다는 것은 하느님의 뜻을 배반하고 다른 사람이 된다는 거잖아?"

"이런 바보들. 너희들은 옷을 입지 않으면 살 수 없어! 그리고 온전한 인간이 될 수도 없어! 앞으로 사회생활을 못 해도 좋아?"

"무슨 개구리 하품하는 소리야? 옷을 입지 않으면 인간이 될 수도 없고 사회생활도 할 수 없다니."

"좋아. 그러면 내가 이 세상의 옷들을 모두 보여 줄 테니 다 보고 나서 너희들이 선택해. 만약 너희들이 옷을 입게 된다면 내 말에 따라야 해!"

"이 세상에 있는 옷을 다 보여 준다고? 아니, 어떻게?"

"이 루시퍼가 누구니? 나만 믿어. 너희들에게 어울리는 옷을 찾아 줄 테니까 이제 그만 울고, 인간으로서의 삶을 시작하는 거야. 너희들을 버린 하느님에게 보란 듯이 말이야. 안 그래?"

하느님이라는 말에 아담과 하와는 다시 눈물이 나왔어. 하느님이 그리웠던 거지. 그러나 하느님의 명령을 어기고 다시 에덴동산으로 돌아갈 순 없었어. 더 엄한 벌을 받을 수도 있었으니까. 그래서 생각했지. 잠시 저 루시퍼의 도움을 받아 우선 살아갈 방법을 찾아보자고.

"지금부터 이 세상에 있는 멋진 옷들을 너희들 앞에 보여 줄 거야. 그중에서 너희들 맘에 드는 옷을 고르면 돼. 단, 조건이 있어. 한번 고르면 영원히 입고 다녀야 하니까 반드시 너희에게 어울리는 옷을 골라야 해. 한번 입으면 영원히 벗을 수 없는 옷이야? 알았지?"

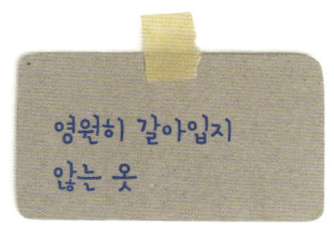

"지금부터 세계의 옷 경연 대회를 시작하겠습니다. 짜잔! 이 대회에서 뽑힌 옷은 생각하는 능력이 가장 뛰어난 아담과 하와가 입을 것입니다.

설마 아담과 하와가 어떤 분들인지 모르진 않겠지요? 모른다고요? 이런 무식한 동물들 같으니라고. 거기 곰 씨! 이분들이 바로 당신에게 '곰'이라는 이름을 붙여 준 분들이라고. 하느님이 이분들에게 이 세상에 있는 것들의 이름을 지어 주라고 해서 당신들이 곰, 사자, 토끼, 늑대, 닭이라는 이름을 갖게 된 거야. 이분들이 아니었으면 당신들은 이름도 없이 살 뻔했다고. 이제 알겠어?

그러니 이 대회가 얼마나 영광스러운 자리인지 알겠죠? 또한 이 대회에서 뽑힌 옷은 인간들이 자손 대대로 수만 년 동안 입을 옷입니다. 이 얼마나 영광스러운 일입니까. 모두들 최선을 다해 자신의 옷을 뽐내 주시기 바랍니다.

첫 번째 등장할 옷은 바로 털옷입니다. 자! 털옷을 입은 곰 씨, 사자 씨, 토끼 씨, 늑대 씨, 닭 씨는 앞으로 나오세요. 자신들의 옷을 잘 볼 수 있도록 한 명씩 모델처럼 걸어 보세요. 거기 곰 씨! 한번 돌아 보세요. 킹글빙글. 토끼 씨는 그 자리에서 뛰어 보고, 거기 사자 씨는 빗으로 털 좀 가지런히 해 보고요."

사회자 루시퍼의 말에 동물들은 모델들처럼 네 발로 걷다가 두 발로 벌떡 일어나 비틀거리기도 하면서 자신들의 털옷을 뽐내듯 보여 주었어.

"자, 이제 한 명씩 나와서 자신들의 털옷에 대해 설명해 보세요. 자신의 털옷이 좋은 점을 하나씩 말해 봐요. 무엇이 좋은지를요. 그럼 곰 씨부터."

"저는 곰인데요, 곰이라는 이름을 붙여 주셔서 감사합니다. 근데요, 무슨 얘기를 해야 돼요? 제가요, 잠을 자다 와서요, 정신이 없어요."

"곰이 뭔 정신이 있겠어. 그냥 니 털에 대해 말하라고, 이 곰아."

사자가 머리를 흔들면서 한마디 했어.

곰이 계속 말했어.

"그러니까요, 제 털은요, 정말 따뜻해요. 부드럽진 않지만 길어요. 그리고 제 털은요, 온몸을 덮고 있어요. 마치 이불처럼 따뜻해요. 왜냐면요, 제 털 사이에요, 공기가 많이 들어 있어요. 마치 솜처럼 공기를 많이 담고 있어서요, 아무리 추운 곳이라도 제 몸을 따뜻하게 해 줘요. 휴~."

루시퍼는 느린 곰의 이야기에 숨이 넘어갈 뻔했지 뭐야.

"어휴, 답답해. 야! 곰! 이제 그만해. 아이고, 수고했다. 다음은 사자!"

"음, 저의 털로 말씀드리자면 이 세상에서 가장 근엄한 털이라고 할 수 있습니다. 동물의 왕 사자로서의 위엄을 보여 준다고나 할까요. 보시다시피 저의 털은 머리에 가장 많습니다. 제 얼굴을 커 보이게 하지요. 마치 갈기처럼 털이 얼굴을 감싸고 있어요. 저는 수컷입니다. 사자의 남자다움을 한껏 보여 주고 있지요."

"저는 토끼걸랑요. 태어나면서부터 털옷을 입었고요, 계속 털갈이를 하걸랑요. 마치 옷을 갈아입는 것 같걸랑요. 제 털이 몇 개인지는 모르걸랑요. 정말 많거들랑요. 평생 옷, 아니 털 걱정은 하지 않걸랑요. 털옷을 적극 추천하걸랑요."

"저는 닭입니다. 제 털의 장점 한 가지만 짧게 말씀드리지요. 제 털은 비를 맞아도 젖지 않아요. 왜냐면 빗방울이 흘러내리기 때문이지요. 비가 와도 우산을 쓸 필요가 없어요. 그래서 저는 빗속에서도 잘 돌아다닙니다. 이상."

"저는 늑대입니다. 앞에서 여러 친구들이 털의 장점을 말했으니 똑같은 얘기는 빼고 한 가지만 더 말씀드리겠습니다. 털옷은요, 빨래할 필요가 없어요. 더러워지면 비 올 때 비를 맞으면 되니까요. 그럼 자동으로 빨래가 되지요. 굳이 세탁기를 사용할 필요도 없습니다. 비가 오지 않을 때는 물속에 한 번 들어갔다 나오면 돼요. 탈탈 털면 탈수도 됩니다. 털옷은 정말 편리합니다.

예. 이제까지 동물들의 옷인 털에 대해 알아보았습니다. 정리해 보면 털은 보온성이 좋아서 따뜻하고, 평생 털이 자라나서 갈아입지 않아도 되고, 빨래할 걱정이 없고, 비를 맞아도 젖지 않는다는 장점을 가지고 있다는 거군요.

자, 이제 동물들은 퇴장하시고 다음 옷을 소개하겠습니다. 이번엔 특별한 손님들을 어렵게 모셨습니다. 독특하고 개성적인 옷을 입은 분들이지요. 모시겠습니다. 큰 박수로 환영합시다."

루시퍼의 소개로 짠! 등장한 손님들은 정말 예상하지 못한 것들이었어.

물고기 대표 붕어, 나비 대표 호랑나비, 곤충 대표 딱정벌레, 과일 대표 사과, 나무 대표 소나무가 등장한 거야.

"저는 물고기 대표 붕어입니다. 헉헉, 아이고 숨차. 물속에서 땅으로 올라왔더니 숨이 차네요, 헉헉. 빨리 물로 돌아가야 하기 때문에 짧게 말씀드릴게요. 제 옷은 비늘입니다, 헉헉. 아주 가지런히 잘 다듬어져 있지요, 헉헉. 제 옷은 이 세상에서 수영하기에 가장 적합한 옷입니다, 헉헉. 비늘 옷은요, 물의 온도도 잴 수 있어요. 영리한 옷이랍니다. 정말 창의적인 옷이지요. 게다가 제 몸에 딱 맞아

요, 헉헉. 이젠 정말 돌아가야겠어요."

"안녕하세요. 저는 나비 대표 호랑나비입니다. 어때요? 제가 입고 있는 옷, 정말 멋지지 않아요? 제 옷은 하늘을 날 수 있는 옷입니다. 날개이지요. 아주 가볍고, 활짝 펼칠 수 있도록 넓게 만들어져 있어요. 아마 천사들도 이런 날개옷을 입고 있을 거예요. 이 옷을 입고 저는 이 세상 어디든 훨훨 자유롭게 날아다닐 수 있답니다. 게다가 중력을 이길 수 있어요. 세상에서 중력을 이길 수 있는 옷은 이 날개옷뿐입니다. 아, 그리고 제 옷에는요, 가루가 묻어 있는데요, 이 가루는 비가 올 때 비를 막아 주는 역할을 합니다. 정말 대단한 옷이지 않아요?"

"저는 갑옷 대표 딱정벌레입니다. 원래는 거북 님이 오시기로 했는데 거북 님이 하도 느려서 제가 대신 나왔습니다. 제 옷은 갑옷입니다. 단단하게 몸을 감싸 주지요. 이 세상에서 가장 단단한 옷입니다. 아무리 찔러도 상처 나지 않고 비, 눈, 바람을 막아 줍니다. 거북 님처럼 목만 쏙 집어넣으면 안전을 보장하는 옷입니다. 마치 집 같은 옷이지요. 위험으로부터 몸을 지켜 주는 '방어의 옷'입니다. 조금 무겁긴 해도 안전을 보장하니까 입고 다닐 만합니다."

"저는 과일 대표 사과입니다. 모든 과일들이 '껍질'이라고 부르는 옷을 입고 있습니다. 사실 모든 껍질들은 옷이지요. 제 옷은 정말 독특합니다. 자라면서 색깔이 변하거든요. 아주 어릴 때, 젊었을 때, 다 자랐을 때의 옷 색깔이 달라져요. 지금 저는 잘 익은 사과거든요. 그래서 아주 예쁜 빨간색 옷을 입고 있어요. 사람들이나 동물들은 제가 입은 옷 색깔을 보고 제가 얼마나 자랐는지 알 수 있답니다. 나이를 알 수 있는 옷, 얼마나 성숙했는지를 보여 주는 옷이랍니다."

"저는 나무 대표 소나무입니다. 저희 나무들은 모두 '껍질'이라는 옷을 입고 있습니다. 사람들은 제 옷인 껍질을 보고 저라고 생각하기도 하지요. 나무마다 껍질의 생김새는 조금씩 달라요. 그리고 저의 옷, 껍질은 가끔 길이 되기도 합니다. 껍질 위로 개미들, 곤충들이 지나가니까요. 심지어 껍질을 파고 들어가 살기도 한답니다. 제 옷이 다른 생물들의 집이 되기도 하는 것이지요. 제 옷이 그만큼 단단하고 좋다는 증거 아니겠습니까?"

정말 신기하고 독특한 옷들이었어. 아, 옷이라는 게 이처럼 다양할 수 있다니. 몸을 감싸 주는 것은 모두 옷이 되는구나. 이 세상의 모든 것들은 옷을 입고 있구나. 옷의 소중함을 깨닫게 해 주는 시간이었지.

"어때. 아담과 하와! 마음에 드는 옷이 있어? 모두 자신에게 어울리는 옷을 입고 있지 않아? 곰은 곰답게, 나비는 나비답게 말이야. 옷은 자신의 정체성, 즉 자신이 누구인지를 말해 주는 것이지. 그렇다면 인간에게 가장 어울리는 옷은 어떤 옷일까? 아담과 하와! 어때, 생각이 많아지지 않아?"

아담과 하와는 놀라면서도 헷갈렸어. 처음에는 꼭 옷을 입어야 할까 싶었지만 옷이 하나씩 등장할 때마다 새롭기도 하고 또 저렇게 다들 입는 걸 보니 자신들도 꼭 옷을 입어야겠다는 생각이 들기 시작한 거야.

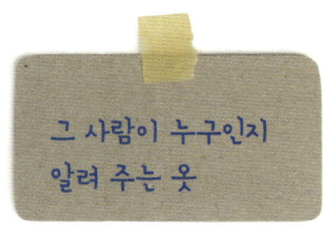

그 사람이 누구인지 알려 주는 옷

"지금부터 마술을 보여 드리겠습니다. 미래를 앞당기는 마술입니다. 저 루시퍼만 할 수 있는 능력이지요. 먼 미래에 사람들이 입게 될 옷을 미리 보여 드리겠습니다. 물론 이 모든 것은 아담과 하와로부터 시작될 것입니다. 최초로 옷을 입는 인간은 아담과 하와가 될 테니까요.

그럼 먼저, 옷만 봐도 그 사람의 신분과 계급을 알 수 있는 옷입니다. 그야말로 옷이 신분증이 되는 거죠. 사실 사람은 옷을 입지 않고 벌거벗은 채로 있으면 누가 누구인지 잘 구별이 되질 않아요. 얼굴만 조금씩 다르게 보일 뿐 그 사람이 무얼 하는 사람인지 알 수가 없죠. 조금 뒤에 볼 왕이 된 인간이 있는데, 이 왕도 옷을 벗기고 왕관을 벗기면 왕인지 평민인지 아무도 알 수가 없지요. 자! 그럼 미래에서 신분의 옷을 입고 온 사람들입니다. 짠!"

왕관과 곤룡포를 입은 왕(못생겼다), 한 겹의 허름한 무명옷을 걸친 노비, 저고리와 치마를 입은 여성, 갑옷 차림에 칼을 차고 나타난 장수, 하얀 가운을 입고 청진기를 목에 건 의사, 교복을 단정하게 입은 학생, 운동복에 축구화를 신고 있는 운동선수, 두루마리 한복을 입고 갓을 쓴 선비, 기모노를 입고 게다를 신은 일본인, 팬티만 입고 있는 사람, 경찰 제복을 입은 경찰관, 푸른색 작업복을 입은 노동자……. 정말 다양한 옷차림의 많은 사람들이 등장했어.

"자, 보세요, 보세요. 저 왕은 비록 못생겼지만 곤룡포를 입고 있으니 근엄한 왕 같지요? 저 사람에게 곤룡포를 벗기고 다른 옷을 입히면 아무도 왕으로 생각하지 않을 거예요. 저기 기모노를 입은 사람은 딱 보면 일본인이라는 걸 알 수 있지요. 이렇듯 옷으로 어떤 민족인지, 어느 나라 사람인지도 알 수 있어요. 의사, 학생, 노동자 등 직업에 따라 옷도 달라져요. 옷이 신분증 노릇을 하는 거지요. 바로 '신분의 옷'입니다."

"잠깐 루시퍼! 저기 팬티만 달랑 입고 있는 사람은 뭐 하는 사람이에요? 그러고 보니 신발도 슬리퍼를 신었네."

"아, 저 사람은 목욕탕에서 때를 밀어 주는 사람이에요. 일명 '세신사'라고 하지요. 다른 사람의 몸을 씻겨 주는 사람. 때를 밀 때 사용하는 수건을 들고 있잖아요. 이 자리에 오지 않겠다고 하

147

는 걸 어렵게 청했어요. 다른 사람의 몸을 깨끗하게 해 주는 직업인데, 고생하잖아요. 가장 간단한 옷을 입고 있지요. 물론 저분도 일이 끝나면 다른 옷으로 갈아입지요. 그러면 때 미는 사람, 세신사인지 아무도 알 수 없어요.

옷은 곧 신분증이에요. 직업, 성별, 민족, 문화, 취향, 역할, 나이 등 많은 것을 알려 주지요. 그리고 미래의 사람들은 하루에도 여러 번 옷을 갈아입습니다. 집에서 입는 옷, 학교에 갈 때 입는 옷, 잠잘 때 입는 옷, 계절과 장소에 따라 입는 옷이 달라져요. 그래서 여러 벌의 옷을 가지고 있지요.

사람의 신분이 정해져 있던 조선 시대까지만 해도 사람들이 입어야 할 옷은 좀 더 철저하게 정해져 있었어요. 왕은 늘 왕의 옷만 입고, 노비와 천민들은 항상 노비의 옷만 입어야 했어요. 양반과 천민이 입어야 할 옷이 정해져 있었지요. 만약 천민이 양반의 옷을 입으면 처벌을 받고 때론 죽임을 당하기도 했어요. 계급 사회에서는 옷이 곧 신분증이고 계급을 나타내는 증거가 됐으니까요. 옷을 보고 그 사람이 어떤 신분의 사람인지 알 수 있었지요. 그런데 민주주의 사회가 되면서 옷에 대한 규제가 느슨해졌어요. 계급은 사라졌지만 여전히 옷은 그 사람이 무슨 일을 하는지, 어떤 취향을 가졌는지를 알려 주는 신분증 역할을 하고 있답니다."

루시퍼는 아담과 하와에게 말을 건넸어.

"아담과 하와, 당신들은 지금 옷을 입고 있지 않기 때문에 어떤 사람인지, 무얼 하는 사람인지 아무도 몰라. 인간이 되었다는 것은 곧 옷을 입게 된다는 의미일 수 있어. 당신이 어떤 사람인지, 누구인지 다른 사람들에게 알려 주어야 해. 왜냐고? 당신에 대한 정보를 주어야 사람들이 당신을 알아볼 수 있으니까. 그래야 서로 친해지고 서로 통할 수 있으니까. 만약 옷을 입지 않으면 그 사람이 누구인지 알 수 없잖아. 적인지 친구인지, 좋은 사람인지 나쁜 사람인지 어떻게 알 수 있겠어? 자기가 어떤 사람인지 말해 주지 않는 이상. 그래서 옷은 상대방에게 자신에 대해 어느 정도 미리 정보를 주는 거라고. 나는 이런 사람이다라고 말이야. 이때 어려운 말로 <mark>옷이 곧 말이다, 옷이 곧 언어다</mark>라고 하지. 조금 어렵지?"

'옷이 말이라고? 서로 친해지기 위해서는 옷을 입어야 한다? 내가 어떤 사람인지 알려 주어야 한다? 참, 옷이라는 게 별걸 다하네. 처음엔 그저 몸만 따뜻하게 해 주는 털이라고 생각했는데, 옷이 신분증이라니.'

아담과 하와는 점점 루시퍼에게 설득되어 가고 있었어. 이들의 속

마음을 알아차린 루시퍼는 음흉한 미소를 지었어.

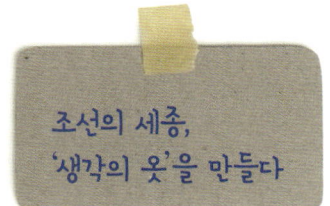

조선의 세종,
'생각의 옷'을 만들다

루시퍼가 갑자기 아담과 하와에게 오더니 귓속말을 속삭였어.

"실은 말이야, 저기 서 있는 사람이 조선의 왕 세종이야. 원래 이름은 '이도'인데, 왕이라서 세종이라고 불러. 한국인들이 가장 존경하는 인물이야. 몰랐지? 저 양반이 훈민정음, 한글이라는 문자를 만들었어. 그래서 세계적인 언어학자로도 알려져 있지. 유네스코라는 데서는 '세종 대왕상'을 만들어서 문자와 언어 발전에 공로가 큰 사람에게 매년 상을 주고 있어. 대단한 양반이지. 어때, 저 양반 이야기를 직접 들어 보는 게."

"그래? 저 양반이 그렇게 유명한 세종이란 말이야?"

"근데 여기로 불러내는 바람에 기분이 좀 상했을 거야. 저 양반이 워낙 고기를 좋아해서 맛있게 고기를 먹고 있는데 내가 오라고 했거든. 저것 봐, 얼굴을 찌푸리고 있잖아. 지금 열 받아 있으니 예의를 갖추어 불러 보자고. 알았지? 예의!"

루시퍼가 목소리를 가다듬으며 세종대왕을 불렀다.

"왕이시여! 이쪽으로 오십시오. 저희들이 몰라보고 무례를 범했나이다. 용서하십시오."

루시퍼가 공손한 태도를 취하면서 목소리도 내시 흉내를 내자 왕이 루시퍼를 째려보았어.

"한창 맛있게 고기를 먹고 있는데, 갑자기 불러낸 것이 너냐? 아무도 나에게 이래라저래라 할 수 없는데 감히 누가 나에게 이리로 오라고 명령한단 말이냐. 무엄하게. 어흠!"

"왕이시여! 죄송하게 됐습니다. 고기는 조금 있다 제가 상다리가 부러지게 차려 드리겠습니다. 워낙 중요하고 급한 일이어서 절차를 무시하고 오시라 했습니다. 이리 오셔서 저희들에게 가르침을 주십시오."

"무슨 가르침을 달라는 거냐? 그리고 너희들은 왜 짐승처럼 벌거벗고 있는 거냐? 도저히 민망해서 눈을 뜨고 볼 수가 없구나. 어허, 말세로다, 말세야. 의복은 곧 인간의 근본, 예의의 기초거늘. 짐승만도 못한 인간들 같으니라고. 이 대낮에 벌거벗고 있다니."

"바로 그것입니다, 전하! 지금 이 사람들에게 옷을 입으라고 가르치는 중입니다. 진짜 인간이 되게 하려고요. 그러니 전하께서 부디 이들에게 가르침을 주시어 인간이 되게 해 주시옵소서.

왕께서는 백성들을 사랑하시어 문자를 만드시고 인간의 도리를

깨우치게 하지 않으셨습니까? 전하께서 평생을 걸쳐 만드신 문자인 한글은 '생각의 옷'이라고 알려져 있습니다. 부디 저희들에게 '생각의 옷'을 만드신 그 깊은 뜻을 가르쳐 주시옵소서."

"으흠, 너희들이 이처럼 간절히 부탁하니 어쩔 수가 없구나. 못생긴 너! 고기를 먹게 해 주겠다는 약속은 꼭 지켜야 한다. 약속할 수 있겠느냐?"

"저 말입니까?"

루시퍼가 어처구니없다는 듯이 주위를 둘러보며 물었어.

"그래, 너 말이다. 정말 못생겼구나. 너처럼 못생긴 녀석은 처음 본다. 근데 못생겼어도 말은 잘하는구나."

루시퍼는 기가 막혔어. 진짜 진짜 못생긴 왕이 자기보고 못생겼다고 말하니 어안이 벙벙했지.

"나는 조선에서 잘생긴 왕으로 통했다. 조선 시대의 미남은 바로 나같이 생긴 사람이다. 너는 조선에 가면 많은 사람들이 구경 올 것이다. 못생겨도 너무 못생겼으니 신기한 구경거리가 아니냐?"

'내가 참자. 시대마다 미남 미녀의 기준은 다른 법이니까. 나도 천국에선 미남 소리를 들었는데, 에이! 왕 앞이니 참자.'

루시퍼는 기분이 정말 나빴지만 꾹 참기로 했어.

"잘 들어라. 사람에게 필요한 옷은 몸에 걸치는 것만이 아니다. 생각에도 옷이 필요하단 말이다. 무슨 말인고 하면, 문자, 글자는 생각을 담고 있다. 생각은 눈으로 볼 수 없다. 머릿속에서 피어나는 생각, 상상 속에서 떠돌아다니는 생각은 모양도 없고 붙잡을 수도 없다. 그런 생각을 어떻게 잡을 수 있겠느냐? 생각과 마음은 머릿속에서 좌충우돌, 이리저리 뛰어다닌다. 근데 이 생각을 다른 사람에게 보여 주려면 어떻게 해야 할까? 자신의 마음을 다른 사람에게 전달하려면 도대체 어떻게 해야겠느냐? 말을 하거나 글로 써야겠지. 말과 글을 언어라고 하는데, 그것은 머릿속의 생각과 마음을 밖으로 끄집어내는 거란다. ==생각과 마음이 말과 글, 즉 언어라는 옷을 입고 세상에 나오는 거지.== 언어의 옷을 입고 다른 사람에게 옮겨 가는 것이다. 그래서 말과 글, 언어를 곧 생각의 옷이라고 하는 거다.

언어는 참으로 신비한 옷이다. 눈에 보이지 않는 생각과 마음을 눈으로 볼 수 있게 해 주니까 말이다. 낱말은 생각을 담는 옷이자 그릇이기도 하단다. 그러니까 옷은 그릇도 되는 거지. 마치 그릇에 음식을 담듯이 옷 속에 나를 담는 거지. 옷이 곧 내 몸을 담는 그릇이 되지. 낱말 하나하나가 생각을 담아내는 작은 옷, 작은 그릇들이다. 그 낱말들이 서로 연결되어 하나의 문장이 만들어지고, 여러 개의 낱말들이 모여서 만들어진 문장은 낱말보다 조금 더 큰 옷이 되는 거란다.

알아듣겠니? 설마 못생긴 데다 머리도 나쁜 건 아니겠지? 못 알아들어도 어쩔 수 없다. 나는 백성들에게 자신의 생각을 표현하고, 자신의 생각과 마음을 다른 사람에게 전달하는 가장 쉬운 방법, 즉 '생각의 옷'을 만들기 위해 노력했다. 중국의 한자는 일반 백성들의 생각을 담기에는 너무 어려운 옷이야. 옷 종류가 수만 개나 되어서 생각에 어떤 옷을 입혀야 되는지 알 수가 없으니까. 하지만 가난한 백성들이 어떻게 수만 벌이나 되는 옷을 가지고 있겠니. 평생 동안 한자를 공부하고 외우는 양반들, 선비들이나 가능한 일이지. 한자로 쓰인 책, 즉 한자라는 옷을 입고 있는 책들은 일반 백성이 읽을 수가 없지. 한마디로 까막눈이야. 그래서 간단하게 28개의 글자를 조합해 자신의 생각을 나타낼 수 있는 문자를 만든 거지. 자신의 생각을 28개의 문자 옷으로 표현할 수 있는 글자 말이다."

"이야! 대단하시네. 대개 왕들은 맨날 명령만 내리면서 백성들을 괴롭히기만 하는 줄 알았는데 이렇게 백성들을 염려하는 왕이 계셨다니 참으로 위대하십니다. 이처럼 위대하신 분을 직접 뵐 수 있게 되어 정말 영광입니다. 저희들의 절을 받으십시오."

"뭐, 절까지 하고 그러냐. 부끄럽게. 하지만 칭찬해 주니 기쁘구나. 그럼, 뭐 덤으로 좀 더 가르쳐 주마.

생각의 옷이 되는 언어는 여러 종류로 되어 있단다. 자신의 생각을 좀 더 정확하게, 좀 더 멋있게 표현하고 전달하기 위해 사람들은 다양한 언어의 옷을 만들었는데, 계절에 따라 입는 옷이 다르듯 생각을 나타내는 언어의 옷도 여러 종류가 있단다. 예를 들면 명사, 동사, 형용사, 부사, 감탄사, 접속사, 조사 등 역할에 따라 언어의 색깔과 느낌이 달라지지. 글을 쓴다는 것은 곧 자신의 생각에 언어의 옷을 입히고 자신만의 언어의 옷으로 디자인하는 것과 같은 거란다.

말을 많이 했더니 배가 고프구나. 빨리 돌아가서 고기를 먹어야겠다. 네가 준다는 고기는 나중에 먹으마. 안녕!"

세종은 얼마나 급했던지 뿅! 하고 사라졌어.

정말 유식한 왕이야. 생각의 옷, 말과 글이 생각과 마음을 보여 주는 옷이라는 것. 그리고 28개의 글자만 이용해 수천수만 가지의 옷을 만들어 낼 수 있다는 한글의 편리함, 백성을 사랑하는 마음까지 많은 깨달음을 준 왕의 가르침이었어. 세종이 평생 동안 너무 많은 책을 읽고 연구를 하는 바람에 눈병을 얻었다고 전해지는 이야기가 과장이 아니라는 것이 느껴졌지. 아담과 하와는 세종과의 이별이 아쉬웠어. 언제 또 만날 수 있을까? 이제 세종은 못생긴 왕이 아니라 이 세상에서 가장 잘생긴 미남 왕으로 아담과 하와에게 기억될 거야.

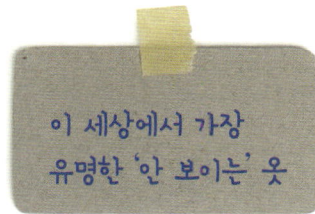
이 세상에서 가장 유명한 '안 보이는' 옷

"지금부터 들려주는 이야기는 정말 웃겨. 옷 이야기를 할 때 늘 등장하는데, 이 이야기를 모르면 인간이 될 수 없어. 그만큼 유명하다는 얘기야. 자, 잘 들어 본 다음에 각자의 느낌을 말하는 거야. 아무 말도 못하면 알지? 그럼 이야기 시작!

아주아주 옛날에 어떤 나라에 임금이 있었는데, 어찌나 욕심이 많았던지 욕심쟁이 임금이라는 소문이 자자했어. 하루는 사기꾼 재봉사와 그의 친구가 욕심쟁이 임금을 찾아와 세상에서 가장 아름답고 멋진 옷을 만들어 주겠다고 했어. 근데 이 옷은 입을 자격이 없고 어리석은 사람에게는 보이지 않는 아주 특별한 옷이라고 사기를 쳤어. 오직 똑똑하고 착한 사람의 눈에만 보이는 옷이라는 거지. 욕심쟁이 임금은 기뻐하며 어서 빨리 만들라고 작업실을 내주고, 신하들에게 두 사람이 옷 만드는 과정을 지켜보라고 명령했지. 근데 신하들의 눈에는 두 사람이 만드는 옷이 보이지 않았어. 하지만 신하들은 옷이 보이지 않는다고 말하면 자기들이 어리석고 악한 사람이 될까 봐 옷이 잘 만들어지고 있다고 거짓 보고를 했어. 얼마간의 시간이 지난 뒤에 재봉사와 그의 친구가 옷이 완성되었다면서 임금에게 입어 보라고 한 거야. 근데 욕심쟁이 임금 눈에는 옷이 보이지 않았어. 하지만 옷이 보이지 않는다고 말하면 마찬가지로 어리석은 왕이라고 손가락질 당할까 봐 임금은 옷이 보인다고 하면서 있지도 않은 옷을 입는 척한 거야. 그리고 놀라운 일이 벌어졌어. 임금은 자신이 현명한 왕이라는 것을 보여 주기 위해 보이지 않는 옷을 입고, 즉 벌거벗은 채 백성들이 나와 있는 거리를 행진했어. 상상해 봐. 벌거벗은 임금이 손을 흔들며 거리를 행진하는 모습을. 어떻게 되었을까? 백성들은 너무나 웃기고 흉측스러웠지만 임금이 무서워서 아무 말도 못했어. 그냥 킥킥거리며 보고 있었지. 근데 그때 한 어린아이가 크게 소리쳤어! '임금님이 벌거벗었다!' 하고. 그 순간 임금도, 신하들도, 백성들도 모두 그 재봉사에게 속은 것을 알게 되었단다.

정말 웃기는 이 이야기가 그 유명한 〈벌거벗은 임금님〉이야. 왜 임금은 보이지 않는 옷을 보인다고 말했을까? 왜 신하들도 보이지

않는 옷을 보인다고 거짓말을 했을까? 정답은? 바로 허영 때문이야. 자신이 똑똑한 사람으로 보이고 싶었던 거지.

아담과 하와! 말해 봐. 이 이야기에서 무엇을 느꼈는지. 설마 졸았던 건 아니겠지?"

"루시퍼! 우리에게 이 이야기를 들려준 이유가 뭐야? 설마 우리에게 재봉사의 거짓말에 넘어가지 말라는 소리는 아니겠지? 그렇게 빙빙 돌리지 말고 이야기를 들려준 진짜 이유를 대란 말이야? 도대체 너는 언제까지 우리를 가지고 놀 셈이야!"

"잠깐만, 아담. 내 생각에는 루시퍼가 이 이야기를 우리에게 들려준 이유가 분명한 것 같아. 우리가 옷을 입지 않으면 벌거숭이 임금처럼 된다는 거야. 옷을 입지 않으면 벌거벗은 임금처럼 창피를 당하게 된다는 말을 하고 있는 게 분명해. 내 말이 맞지, 루시퍼?"

"하와는 역시 아름다운 데다 똑똑하기까지 하네. 그렇지! 옷을 입지 않으면 어떻게 되는지를 보여 주는 거잖아. 벌거벗었는데도 자기가 옷을 입었다고 착각하는 사람, ==말하는 것과 보여 주는 행동이 다른 사람을 가리킬 때 '벌거벗은 임금'이라고 말하지.== 그 말도 맞지만 결론은 옷을 입어야 한다는 거야. 옷을 입지 않는 사람은 비정상이라는 거지.

왜 사람들은 옷을 입지 않으면 창피하다고 생각할까? 이 이야기에서 어린아이는 왜 '임금님이 벌거벗었다!'고 외쳤을까? 이상하다는 거지. 한마디로 우습다는 거야. 인간이 할 짓이 아니라는 거지. 생각해 봐. 왜 사람들은 옷을 입을까? 목욕할 때가 아니면 사람들은 모두 옷을 입고 있어. 잠잘 때도 옷을 입고 자. 어찌 보면 옷을 입는다는 것은 옷 속에 자기를 숨기는 거지. 감추는 거야. 몸을 가린 채 오직 얼굴만 내밀고 있는 거잖아. 그러니까 옷은 자신의 신분과 정보를 보여 주기도 하지만 숨기고 가리는 것도 되는 거야. 옷 입은 것을 사람들이 옷 속에 몸을 숨긴 채 얼굴만 쏙 내밀고 있다고 생각하면 정말 웃기지. 안 그래?

벌거벗은 임금 이야기는 말이야, 인간은 옷 입는 동물이다, 인간은 옷을 입어야 한다는 것을 아주 웃기는 동화로 주장하고 있는 거야. 알아들어? 이래도 옷을 입지 않을 거야?"

아담과 하와는 루시퍼의 화려한 말솜씨에 빠져들고 말았어. 맞는 말 같았거든. 왠지 옷을 입어야만 할 것 같은 예감이 들었던 거야.

🍎 옷에 대한 비밀, 드디어 밝혀지다

"좋아. 이왕 여기까지 왔으니 옷에 대해 종합적으로 정리를 해 보고 나서 최종 결정을 하는 거야. 이제 철학자들의 옷에 대해 알아볼 거야. 여기서의 옷은 단순히 몸에 걸치는 것뿐 아니라 생각을 잘할 수 있도록 해 준대. 그래서 내가 철학자의 옷으로 제목을 붙여 봤어. 어때, 멋있지?

이번엔 아주 똑똑하고 유식한 교수님 한 분을 불러올 거야. 이분 역시 미래에 살고 있는 분이지. 캐나다 출신으로 《구텐베르크 은하계》,《미디어는 맛사지다》 등의 책을 쓰셨어. 나보다 훨씬 똑똑하신 분이니 믿음이 갈 거야. 너희들이 아직도 나의 순수한 마음을 의심하니까 이분의 말씀을 잘 듣고 판단해 봐. 이분의 이름은 마셜 매클루언이야. 그럼 불러 볼게. 교수님!"

"아니, 바빠 죽겠는데 누가 나를 부르는 거야. 이래도 되는 거야. 이거 완전히 납치하는 거잖아. 누구야, 나를 부른 게."

"아이고, 죄송합니다, 교수님! 교수님의 강의를 꼭 들어야 할 사람들이 있어서 이렇게 갑자기 모셨습니다. 여기 벌거벗고 있는 가련한 인간들에게 옷을 왜 입어야 하고, 어떤 옷을 입어야 하는지 설득하고 있는 중입니다. 저 인간들이 옷을 입어야 인간의 역사가 시작되는데 의심만 하고 입질 않네요. 교수님께서 박학다식한 지식으로 저 인간들이 자신의 모습을 찾을 수 있도록 도와주세요. 부탁드립니다."

"뭐, 아직도 옷을 입지 않는 인간들이 있다고. 너희들이 누드족이야? 벌거벗은 것을 좋아하는 누드족 말이야. 아담과 하와의 시대로 돌아가고 싶다고 외치는 누드족이 있다고 들었는데 너희들이 바로 그놈들이구나. 하지만 누드족도 평소에는 옷을 입지. 가끔 취미 생활로 해변이나 숲 속에서 벌거벗고 즐기는 거라고. 화가들도 가끔 누드 그림을 그리기도 하는데 벌거벗은 사람의 몸을 그리면서 옷으로 가려진 인간의 참 모습을 표현하려는 거야. 그런데 그건 예술이고, 평소에는 모두 옷을 입어. 어떻게 옷을 입지 않고 생활을 할 수 있겠어?

옷은 말이다, 단순히 사람의 몸에 걸치는 것만 의미하진 않아. 집중하고 잘 들어. 저 산을 봐. 저 산도 옷을 입고 있는 거야. 나무가 입고 있는 옷을 껍질이라고 하는데, 저 산도 껍질이 있는 거야. 저 산에는 뭐가 있겠니? 바위, 돌, 흙, 모래 등이 있겠지. 그게 산의 몸이야. 우리의 눈에는 단지 산의 겉모습, 즉 산이 입고 있는 옷만 보이는 거지. 그렇다면 옷이란 무엇일까? 안과 밖, 내용과 형식, 겉과 속, 껍질과 알맹이, 외부와 내부. 이 중에서 밖, 형식, 겉, 껍질, 외부는 모두 옷이 되는 거야. 옷을 가리키는 다른 이름들이지. 우리의 눈은 옷만 볼 수 있어. 너희들 눈엔 내 몸속에 있는 심장이 보여? 안 보이지? 그건 볼 수 없는 거야. 우리는 바깥만 보는 거지. 껍질만 봐. 겉모습만 볼 수 있다니까. 그게 바로 옷이야.

자동차들도 옷을 입고 있어. 딱딱하고 단단한 쇠로 만들어진 옷 말이야. 이런 것들을 유식하게 말하면 '상품의 옷'이라고 해. 자동차의 옷을 만들기 위해 얼마나 많은 디자이너들이 연구하는지 알아? 자동차들의 내부는 모두 비슷해도 겉모습은 다양하잖아. 그래서 모든 사물들, 존재하는 것들은 모두 자기만의 옷을 입고 있어. 그 옷으로 자신을 나타내고, 자신이 무엇인지 알려 주고 있는 거지.

인간이 옷을 입는 것은 또 하나의 피부를 만드는 거야. 우리 인간의 몸은 동물들처럼 털이 많지 않아. 털이 있긴 하지만 몸 전체를 덮지 않아. 부드럽고 연약한 피부를 그대로 드러내고 있지. 게다가 인간의 피부는 약해서 쉽게 상처가 나고, 추위와 더위를 이겨 내지 못해. 때문에 아주 추운 곳에서 벌거벗고 있으면 곧바로 죽어. 인간은 항온 동물이어서 늘 36.5도의 체온을 유지해야 해. 그래서 피부를 감싸고 보호하면서 체온을 유지하는 또 하나의 피부를 갖는 거지. 그게 바로 인간의 옷이야. 나의 이론에 따르면, 옷은 피부의 확장이다 이거야. 피부를 쭉쭉 빵빵 늘려 놓은 것이 옷이란 말이지.

그렇게 보면 망치는 손을 더 강화시켜 쭉쭉 빵빵 늘려 놓은 거야. 인간이 만든 도구는 모두 인간의 몸을 확장하고 늘려 놓은 것이란 얘기야. 인간의 몸이 할 수 없는 것을 하기 위해 도구를 만들면서 인간은 점점 거인이 된 거야. 예를 들어 망치, 드라이버, 송곳, 펜과 연필 등 손으로 잡고 쓰는 도구는 모두 손의 힘, 손의 능력을 몇 배로 키워 줘. 도구를 만들어 사용하면서 맨손으로는 도저히 발휘할 수 없는 능력을 수십 수백 배로 뻥튀기한 거지. 정말 대단하지 않아?

마찬가지로 옷도 피부를 늘린 거야. 따라 해 봐! 옷은 제2의 피부다. 근데 인간의 옷은 여느 동물들의 것과 달라. 거북이나 딱정벌레처럼 딱딱하고 무거운 옷이 아니야. 평생 한 가지 옷만 입고 있는 것도 아니지. 인간들은 옷을 만드는 데도 천재적인 능력을 보여 줬어. 처음엔 나뭇잎들을 엮어서 옷을 만들기 시작했어. 근데 나뭇잎 옷이 불편한 거야. 추위를 막아 주지 못할 뿐더러 쉽게 망가지잖아. 그래서 발명한 게 가죽이고 그다음이 실이야. 실이 뭔지 알아? 목화 꽃 알지? 하얗고 탐스럽게 피는 목화 꽃. 그 부드럽고 가벼운 목화 꽃을 솜으로 만들어 가늘게 꼬아 실을 만든 거야. 그리고 그 실을 엮어서 천을 만든 거지. 그리고 그 천을 가위로 자르고 바늘로 꿰서 옷을 만들었어. 가죽보다 가벼울 뿐만 아니라 천과 천 사이에 솜을 넣어서 추위도 막아 주는 옷을 만든 거야. 한국에서는 고려 때 문익점이 목화 재배에 성공해서 그때부터 고려 사람, 조선 사람들은 따뜻한 옷을 입기 시작했지. 목화솜뿐만 아니라 실을 만들

수 있는 모든 것들이 천으로 만들어졌어. 누에고치 알지. 누에고치는 지들이 실을 뽑아서 고치를 만들잖아. 인간들은 누에고치에 칭칭 감겨 있는 실을 뽑아 그것으로 천을 만들었어. 그게 바로 비단이야.

인간들은 단지 천을 만드는 데 그치지 않고 천에 색깔을 칠하기 시작했어. 흑백의 옷에서 다양한 색깔의 옷으로 발전한 거야. 천과 옷감에 염색을 해서 빨주노초파남보 형형색색의 옷을 만들었지. 또 옷의 모양과 생김새로 자신의 직업과 하는 일을 알려 줄 뿐만 아니라 온갖 색깔로 다양한 옷을 만들어 자신의 개성을 뽐내기 시작했지. 옷이 또 다른 언어가 된 거야. 옷으로 말을 하는 거지. 어쩌면 옷을 입게 되면서 인간은 다시 태어났는지도 몰라. 옷으로 자신만의 독특하고 특별한 모습을 갖게 된 거지. 개성적인 인간 말이야.

자, 이제 정리해 보자고. 옷이 무엇이고, 왜 옷을 입어야 한다고? 이 세상에 옷을 입지 않는 것은 없다 이거야. 특히 인간이 옷을 입는 것은 자신의 몸을 보호하고, 자신만의 개성을 나타내기 위한 거

야. 근데 최초의 인간이라는 너희들, 아담과 하와가 옷을 입지 않으면 어찌 되겠어? 너희들의 자손이 될 인간들은 덜덜 떨면서 얼마나 살 수 있겠냐고? 옷을 입어야 하는 것은 바로 아담과 하와 너희들의 임무이자 책임이야. 선택하고 말고 할 일이 아니라니까. 그건 너희들의 운명이야. 너희들이 옷을 입어야 인간들이 계속 살아갈 수 있어. 너희들은 옷을 입는 것만이 아니라 옷에 대해 연구해서 더욱더 편리하고 멋있는 옷을 만들어야지. 안 그래?"

짝짝짝!

루시퍼가 열렬히 박수를 쳤어.

"감동적인 강의였습니다. 역시 교수님을 모시기를 잘한 것 같습니다. 이 정도면 아담과 하와도 충분히 알아들었을 것입니다. 특히 마지막 부분, 옷을 입는 것은 선택이 아니라 인류를 번창시키기 위한 임무이자 책임이라는 말씀, 옷을 입느냐 마느냐가 아니라 어떤 옷을 입어야 하느냐를 선택해야 한다는 그 말씀엔 눈물이 날 뻔했습니다."

아담과 하와는 루시퍼가 과장한다고 생각했지만, 마셜 매클루언 교수의 말에는 수긍할 수밖에 없었어. 어쩌면 에덴동산에서 쫓겨날 때부터 옷을 입어야 한다는 것은 이미 정해진 운명인지도 몰라. 옷을 입으면 하느님께 영원히 돌아갈 수 없을지도 모른다는 약간의 불안감은 여전히 지울 수 없었지. 옷을 입게 되면 인간의 길, 하느님으로부터 완전히 벗어나 독립적인 인간의 삶을 살아야 한다는 생각이 들었으니까. 왜 인간은 하느님, 신 그리고 부모님이 주신 최초의 몸, 옷을 입지 않은 몸으로 살 수 없을까? 왜 옷을 입어야 할까? 혹시 하느님, 신, 부모님이 주신 몸이 부끄러운 것인가? 아니면 늘 죄인으로, 불효자로 살 수밖에 없기에 자신의 몸을 옷으로 가려야만 하는 게 아닌가 하는 의문도 생겼지만 결국 아담과 하와는 옷을 입어야 했어. 왜냐하면 옷을 입고서야 비로소 부끄럽지 않고 당당해졌기 때문이지. 옷은 아담과 하와에게 부끄러움을 극복하고 자신의 삶을 당당하게 살아갈 수 있는 힘을 주었어. 그리고 아담과 하와는 옷의 역할에 대해 알려준 루시퍼에게 고마워했어.

1. 다음 중 옷이 될 수 있는 것들을 찾아 동그라미 해 보세요.

① 책들의 표지 (　　　)

② 선물을 싸고 있는 포장지 (　　　)

③ 우리가 다니고 있는 학교 건물의 겉모습과 정문 (　　　)

④ 자동차와 자전거의 생김새 (　　　)

⑤ 가지런히 줄 맞춰 쓰인 한 편의 글 (　　　)

⑥ 거북과 무당벌레의 딱딱한 등 (　　　)

⑦ 강아지와 고양이의 털 (　　　)

⑧ 허수아비의 복장 (　　　)

⑨ 나무들의 껍질 (　　　)

⑩ 장갑과 장미꽃 (　　　)

2. 다음은 세상의 옷들을 모아 놓았어요. 각각 어떤 옷들인지 보기에서 골라 옷의 종류를 선택해 보세요.

> **보기** 생각의 옷, 개성의 옷, 안전과 방어의 옷, 유혹의 옷, 계급과 신분의 옷, 직업의 옷, 문화의 옷, 상품의 옷

① 장미꽃, 개나리와 진달래꽃 (　　　　　)

② 일본의 기모노와 조선의 한복 (　　　　　)

③ 글, 낱말, 문장, 말, 언어 (　　　　　)

④ 왕의 옷, 노비의 옷 (　　　　　)

⑤ 의사의 흰 가운, 군복, 작업복 (　　　　　)

⑥ 딱정벌레, 무당벌레의 껍질 (　　　　　)

⑦ 신사복, 드레스, 결혼 예복 (　　　　　)

⑧ 스님의 옷, 신부님의 옷 (　　　　　)

⑨ 사자의 털, 호랑이의 털 (　　　　　)

⑩ 자동차, 비행기, 컴퓨터의 옷 (　　　　　)

➜ 정답은 167쪽에 있습니다.

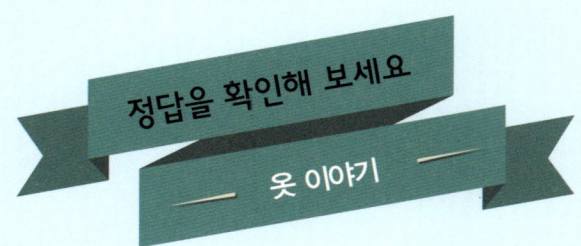

1. 10개 모두 정답입니다.
2.
　① 유혹의 옷
　② 문화의 옷
　③ 생각의 옷
　④ 계급과 신분의 옷
　⑤ 직업의 옷
　⑥ 안전과 방어의 옷
　⑦ 문화의 옷
　⑧ 신분의 옷
　⑨ 안전과 방어의 옷
　⑩ 상품의 옷